为了遇见更好的自己

25位考生的逆袭之路

《为了遇见更好的自己》编写组 ◎主编

民主与建设出版社　博集天卷 CS-BOOKY

图书在版编目（CIP）数据

　　为了遇见更好的自己 /《为了遇见更好的自己》编写组主编.
—北京：民主与建设出版社，2017.7

　　ISBN 978-7-5139-1648-6

　　Ⅰ.①为… Ⅱ.①为… Ⅲ.①高中生—学习方法 ②高考—经验
Ⅳ.①G632.46②G632.474

　　中国版本图书馆CIP数据核字（2017）第 155965 号

为了遇见更好的自己

WEILE YUJIAN GENGHAO DE ZIJI

出 版 人	许久文
编 　 者	《为了遇见更好的自己》编写组
责任编辑	程　旭
监 　 制	于向勇　秦　青
特约编辑	康晓硕　杨海伦
营销编辑	刘晓晨　罗　昕
封面设计	张丽娜
出版发行	民主与建设出版社有限责任公司
电 　 话	（010）59419778　59417747
社 　 址	北京市海淀区西三环中路10号望海楼E座7层
邮 　 编	100142
印 　 刷	北京嘉业印刷厂
开 　 本	700mm×995mm　1/16
印 　 张	14
字 　 数	150千字
版 　 次	2017年7月第1版　2017年7月第1次印刷
书 　 号	ISBN 978-7-5139-1648-6
定 　 价	36.00元

注：如有印、装质量问题，请与出版社联系。

Contents
目　录

一年进步了一万名

2016年，陈昊源以637分的高考成绩被全国排名第二的华北电力大学王牌专业电气与电子工程系录取。现在的他，已经开始琢磨着考研，日后要在国家电网、大唐电力这样的央企有所作为。其实，一年前，他第一次高考的成绩并不算低，597分，一个过了一本线的成绩；录取院校是河北工业大学经济系，一个不算太差的选择。然而，他不甘心，他相信自己可以更好。

精华学校青云校区的全日制小班和考前"一对一"辅导让他受益匪浅：2015年首次高考，他的排名还是北京市13 000多名；复读一年后，2016年他的排名上升到了全市3700名。这样的进步，带给了他人生的惊喜，让他觉得，多拼搏的这一年是值得的，是对自己未来人生的负责。

采访者：陈凯一

讲述人：陈昊源

高考时间：2015年、2016年

现就读高校：华北电力大学

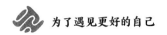
放弃"一本"，艰难选择复读

我高中就读于清华附中分校，比不上清华附中本部的"学霸"们，我们班的成绩总体上比较"平和"，很多同学最终考取了北京工业大学，而我高三的时候算是班里的差生，排名一直在倒数第10名左右，所以一直对自己很没有信心。

其实，高三上学期我还是挺努力的，但效果不明显，名次没什么进步，慢慢地人也就倦怠松懈了下来。到了高三下学期，心里是又紧张又烦躁，书越来越看不进去，上课也是勉强应付，人有点颓废，也就不怎么好好学习了。有时候会溜出去打打台球，或者约朋友一起玩玩牌，最后的成绩也就可想而知了。在几次模拟考试中，我的成绩都在560至600分之间，徘徊在一本线的边缘。所以，2015年高考考出597分，其实还算发挥得不错呢。

刚出成绩的时候，我也没多想，尽情玩了一个半月。后来录取通知书来了，得知我被河北工业大学经济系录取了。我爸帮我查了背景，发现这个专业在这个学校刚刚成立两年，在师资和办学上似乎经验还不足。家人因此对未来的就业或考研不免有些担心，但想来也是我自己的真实水平，他们倒也不反对我去。学校就在天津，离家也不远。

可拿着这份录取通知书，我的心情并不轻松，我知道班里很多同学都考取了北京工业大学，成绩好的同学还有去武汉大学的。看着他们都比自己成绩优异，我感到很失落，也很不甘心，因为我知道高三的下半年我并没有好好努力。

关于复读的决定，我反复思考了一周。我想，首先，录取院校的专业并不是我喜欢的，如果我去了很可能又是浑浑噩噩的大学四年，毕业后又会再次迷茫；其次，我第一次感到自己的成绩对不起父母，也对不起自己的未来，别人可以做到，为什么我不能呢？就这样，我和父母商量，是不是可以再好好努力一次？家人对我很支持，爸爸到处打听，最终帮我报了精华学校青云校区的全日制小班。2015年8月17日，我走进精华学校，开始我的复读生涯。从这一刻开始，我知道，要为自己的未来好好拼一把了。

班主任帮我争取到了游戏时间

将近一年的备考是非常紧张的，和很多同学一样，我的情绪随着成绩的忽高忽低变化很大，父母因为也跟着着急而变得越发严厉和苛责，这样反而适得其反，激起了我情绪上的"反抗"，从而更不利于学习了。所幸的是，我的班主任跟我和父母多次沟通，巧妙地化解了矛盾，给了我很大的帮助。

在精华学校，班主任是不授课的，主要负责早晚自习、和学生家长沟通以及帮助学生调整心态。我的班主任50多岁了，是位非常有经验、懂学生又特别认真而有耐心的人。她经常观察我们，发现有一点儿情绪上的不对或者学习上的懈怠，都会及时和我们沟通。

　　我其实是个学习效率蛮高但是有点儿贪玩的人。男生嘛，总是爱打电子游戏。但我父母对我要求很严格，认为打游戏就是浪费时间，从我读初中开始就"严防死守"地禁止，哪怕一分钟都不可以玩。于是，我千方百计找到任何可能的空隙，见缝插针地打游戏。后来想想，也许并不是游戏的魅力真有那么大，这可能只是自己对父母的一种反抗吧。毕竟，即使父母也不可能一直处于紧绷的工作状态，为什么非要苛责我成为一台"学习机器"呢？

　　班主任老师了解到这个情况，就主动和我的父母联系沟通，她竟然成功说服我的父母给我批准了每周3小时的游戏时间。她也很信任我，和我约定：每次打游戏都要"打卡"，3小时用完了，就一定不能再放任自己去玩儿了。我觉得她很理解我，就很听她的话。后来，我自己就主动把游戏时间慢慢减少了，毕竟复读是我自己的选择，我主观学习的愿望也是很强烈的。当初玩游戏有一半也是为了和父母较劲，现在父母理解我、老师也理解我，我对自己的要求反而更高了。我的游戏时间慢慢自行减少，到2016年3月以后，我就全力备战高考，再没碰过游戏了。现在回想起来，我父母都承认，其实3小时的游戏"打卡"既然可以让我得到放松和安慰，能提高我的学习效率，并不能算是"浪费时间"。

　　班主任还是个细心而温和的人，这点让我很感动。刚开始上复读班的时候，因为已经懒散惯了，我一下子适应不了那么高强度的学习。上课也想注意听讲，但是往往听着听着就分神了或打瞌睡了。这些都逃不过她的眼睛，即使有时候她不在教室，她也会在监控里看到，然后就"拐弯抹角"地来和我谈话。但她人很nice，不会劈头盖脸地问"你为什么上课睡觉"，而是会关心你最近是不是晚上太用功，是不是没休息好，然后再慢慢和你深聊，给你提个醒。在她的反复督促下，经过1个月左右的时间，我完全适应了精华的节奏，学习的效率也明显提高了。

高分取决于简单题而不是难题

在精华学校授课的每个科目的老师都相当有教学和应试的经验，他们不仅能抓取知识点，找到大量的相关题目强化练习，同时也能对不同层次的学生提出不同层次的要求，让你可以做到更好。

数学一直是我的强项，2015年高考时考了130分，2016年考了143分，自己还算满意。数学老师给我的"金科玉律"就是：选择、填空至少做两遍，一个也不许错。这个看似简单的道理，其实想做到并不容易。很多同学做数学题都在担心大题的难度，担心完不成，着急赶紧作答。往往大题思考半天也没多赚回三四分，一个不小心，把本来简单的选择题错失一两道，那就是白白扔掉5到10分，得不偿失。我后来和班里几个数学成绩比较好、水平不相上下的同学在考试后也总结过，真的是"谁的选择填空全对，谁的成绩就高"。

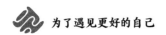

对于我的弱项——英语，这条规律也同样适用，那就是"送分题"一定不能丢。我从高中开始就不喜欢英语，不喜欢死记硬背那么多的语法、单词，所以成绩一直徘徊在及格线的边缘，每次做题都是跟着感觉走，有时候感觉对了，就蒙对的多；有时候感觉没了，就抓瞎了。在精华学校，英语老师细致地将试题拆分成一个个细小的知识单元，帮我们逐一训练、逐一击破。比如语法，先学习时态，这时候老师就会神奇地找到100多道与时态相关的题目让我们练习。只有完全搞懂了，错误率接近于零的时候，老师才会开始进行语态或者冠词的训练。

这种知识点的逐一击破式训练，让我重新对语法有了系统化的掌握，至少对比较简单的英语单选题还是很有信心的。在阅读和作文方面，我也因为单词、语法以及考试技巧的提高而找到了些门道。2016年高考，我英语考了125分，比前一年的101分提高了二十多分，我觉得这也是"选择题不错"帮了我大忙。

复读提升的不仅仅是高考成绩

2016年的"一模"我考了610分，在全市的排名比前一年高考进步了5000多名。我当时就舒了一口气，觉得自己这一年的努力没有白费，至少以这样的名次是可以考取北京工业大学的。放心之余，我心里又有一点儿迷茫，觉得虽然已经做了很多练习，很多知识点看似已经熟悉，但离完全掌握还是有不小的距离，有时候答题思路还是找不准，考试的时间也临近了，所以感觉有些不知所措。

后来，我还是决心拼一拼、冲一冲，就报了精华的"一对一"辅导，主要补我的弱项英语和语文。在"一对一"的辅导中，老师就更有针对性了，给出的卷子和学习资料，无论在难度方面，还是在知识点弥补方面，都是适合我一个人的。有时候，老师会花费一小时的时间，只为给我讲清楚一个知识点，但这个知识点在高考中可能会占到三四分。这种提高是非常值得的。

在经过冲刺式的总结学习后，我开始回归到错题的总结上，不再用新的海量题目来打扰自己。我会看错题本，但不只是改错，还要把与此题目相关的知识、答题思路都回想归纳一下。其实，高考拼的并不是难题，而是细心，是基础知识的扎实。而对基础知识的回归也有利于我在考前放松心情，放平心态。我考前的两天都没有再看书，只是随手看看作文素材什么的，直到再次走进高考考场的时候，心态都一直保持得不错。

2016年的高考成绩出来了，我考了637分，我和家人都很高兴。在填报志愿的时候，我还是想从兴趣和对未来的规划出发，没有一味选择学校，而是优先选择了专业。最终，我报考了全国排名第二的华北电力大学电气与电子工程专业，大学也在北京，未来也看得见，我和家人都很满意。所以，我真的很感激这一年精华学校对我的培养，还有父母的陪伴。这一年，我觉得自己提高的不只是成绩，还历练了性格，培养了好的学习习惯。

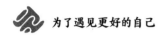

在大学阶段，理科的学习压力仍然是很大的，高数和物理都比高中要难很多。同时，大学生活要比高中丰富多彩得多，这意味着各种诱惑也特别多。但我现在已经可以很好地平衡这两者之间的关系，也非常珍惜现在的学习机会。我现在参加了大学的学生会、红十字会，也会和很多学长、老师沟通交流，积极参与学校的各种活动。我不会放松自己的学业，因为我知道自己是一定要考研的，而基础学科和专业课的学习成绩对我而言都非常重要。现在，我知道自己一定可以做到，可以做得不比别人差。既然复读一年我做到了，那么在未来的日子里我相信自己也一定可以做得更好。

给学弟学妹的建议

1.永远不要小看自己，别人可以做到的，你也一定可以。

2.一定要和老师主动去交流，让老师更了解你，会对你的成绩提高非常有帮助。

3.一定要听老师的话，毕竟他们经历过太多次的高考，他们的经验是非常宝贵的，要相信他们的经验与智慧。

4.选择题不要错！选择题不要错!选择题不要错!重要的事情说三遍。这一点真的非常重要。

5.当家长因为你的成绩波动而着急、焦虑时，请不要因此影响到自己的心情，要保持平常心，学会彼此体谅，好的心态会让你的学习事半功倍。在高考考场上，保持好的心态会让你提高20分。

喜欢飞机的大男孩儿
"转角遇到爱"

从小就在飞机场边长大的男孩，对蓝天和飞行有着深厚的感情。高三参加招飞体检，他因为超高4厘米而被拒之门外。命运兜兜转转，让他错过了第一次升学，却在复读之后，和自己的理想撞了个满怀。如今，他穿上了帅气的空管制服，憧憬着与飞机相伴的美好未来。

采访者：李莉
讲述人：杜维锋
高考时间：2015年、2016年
现就读高校：中国民航大学

超高4厘米失去招飞机会

我从小就喜欢飞机和蓝天，对航空很感兴趣，因为姥爷家离首都机场非常近，每天都能看见巨大的飞机从头顶飞过。而我自己的家就在首都机场下滑道沿线，天天听见各种类型的飞机划过天空。时间长了，连不同的发动机声音都能分辨出来。比如波音777的发动机是罗罗的，声音更尖更好听，而通用的发动机和普拉特·惠特尼的发动机声音也有很大差异。伴着飞机长大的我，一直梦想有一天自己也能穿上帅气的飞行服，成为一名飞行员。

高三上半学期，学校忽然发了一个通知，在校生可以参加"招飞"。我开心坏了，感觉自己的飞行梦近在咫尺。因为大家最担心的视力对我来说不是问题，我双眼视力都在5.0以上，符合招飞条件。然而没想到的是，招飞标准居然对身高也有限制。根据当时的招飞要求，身高不能超过1.85米。而我因为喜欢打篮球，高中时个子猛蹿，高一时还不到1米7，高三时身高已达到了1.89米。

尽管了解了招飞条件，我还是抱着试试看的心态去参加了招飞体检。果然各项检查都顺利通过，唯独卡在了身高这一关。体检老师拿着我的体检表惋惜地说："真是太可惜了，全都合格，就是高了几厘米。"

4厘米的差距把我挡在了梦想门外。失去当飞行员的机会，让我难过了好一阵子。在那之后，我不得不转变志向。于是，我重新定位，想像家里的长辈一样学建筑。

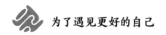

第一次高考我堵住了自己的退路

2015年，我第一次参加高考，当时一心想考北工大的建筑系，建筑设计是我那时最心仪的专业。但我高考一模、二模的成绩并不理想，甚至连一本线都达不到。我当时就跟父母提出过复读一年再考的想法，但他们极力反对。妈妈说："还没考怎么就打退堂鼓了？只有拿出最好状态拼一下才知道行不行啊！"在妈妈的鼓励下，我鼓足信心，准备冲击一下目标志愿。

但是，高考第一科语文考完的时候，我就预感到"今年考北工大没戏了"。那年高考作文的题目是二选一，两个题目分别是"深入灵魂的热爱"和"书签"。也许是因为"书签"很难写出独特感受，我选了第一个题目，但写完的时候就觉得自己考砸了。走出考场，我当即下了决心：我要复读。我并没有跟家人商量，因为我知道父母不会支持我的这个想法。于是，第二天理综考试的化学题我一道都没做，考试的时候我不停地询问老师什么时候可以交卷，最终我提前半小时就出了考场。等在考场外的带考老师看见我的时候吃了一惊，当得知我放弃了所有化学题之后，老师给我爸爸打了电话。爸爸接到电话的那一刻估计当场就懵了，我用这种方式堵住了自己的退路，这是他们无论如何也想不到的。

父母对我的做法既生气又无奈，但木已成舟，他们只好同意我复读的决定。尽管如此，他们还是劝我完成了最后一科英语的考试。他们说，无论怎样，高考都要完整地经历一次。

第一次高考结束后，我连分数都没查，因为那对我没有任何意义。倒是父母帮我查了，总分是420多分。

从死记硬背到主动学习

高考一结束，我就开始挑选复读机构。在比较了几家之后，我发现精华学校比其他机构管理制度更完善，老师更专业，环境也更好。于是，我选择了精华学校全日制班。

8月18日，复读课程正式开始。在全日制班的课堂上，明显感觉到老师讲的内容比以前的学校多了，讲课水平也更高。

精华学校很注重因材施教，下半学期期中考试之后重新分了班，以便老师针对不同水平的学生按不同进度上课。我被分到了进度较快的班，同学从15个变成9个。我是新班级里水平最差的一个，一直在忙着追赶其他同学。

也许因为已经上过一年高三了，复读的时候知道自己的知识漏洞在哪里，所以学起来更有目的性。精华老师的授课方式也让我更愿意对知识追根问底"知其所以然"，我不再像以前那样死记硬背或者死套公式，而更愿意从根本上剖析问题。这一点在英语学习上体现得尤其明显。2015年高考，我的英语只得了90分，刚过及格线。但在精华上课的第一天，我就发现原来英语这么有趣。英语老师除了讲单词和句法，还随时穿插教给我们最地道的英语表达方

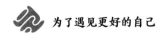

式，让我们写出来的句子给人更专业的感觉。我觉得这些细节很有意思，常常在课后仔细分析研究。在老师的激励下，我多背了不少单词和固定搭配。2016年高考，我的英语考了123分。比上一次高考提高了30多分。

生物老师讲课也让人印象深刻，他从微观的角度讲DNA如何转录合成，让人听起来津津有味，我至今记忆犹新。复读的这一年，我发现自己对以往所学的公式、原理理解得更加透彻了。

班主任影响了我的人生态度

精华学校对学生管理有自己的一套方式，学校给每个班级都配了专职班主任。其实，最初我对班主任这个角色是有些抗拒的，因为他们不仅负责管理班级的日常事务，还会关注学生的学习状态，督促我们改掉坏习惯，很像学校的政教老师。但让我没想到的是，这里的班主任居然成为了影响我人生态度的人。

在精华学校的下半学期，我们重新分了班。那个周末，我去找新的班主任报到，但是办公室里却找不到人。我向另一位老师询问，得到的答案出乎我的意料，那位老师说："她在上课啊，她给学生讲一对一的高中数学课呢。"我知道班主任都是专职的，不会有课程安排。所以，班主任去教一对一的课，一定是利用周末的时间给自己安排了额外的工作。当时，我心里就对她产生了敬佩之情，原来这个班主任老师这么有追求，对自己毫不放松。后来，她的工作态度也让我证明了自己的想法，她做事非常认真，从不敷衍了事。而且她是个有目标、肯自强的人，一直在利用业余时间坚持学习，准备考研。

她的勤奋和努力潜移默化地影响着我，她用自己的行动教育我们，应该做怎样的人。身边有这样的榜样，我觉得自己没有理由不努力学习。后来我得知，她的付出也取得了令人满意的结果，考上了南航大的研究生。

在老师们的帮助和影响下，我复读的这一年学得比高中三年认真得多，知识学得牢固了，考试就会觉得轻松。2016年夏天，再次走入高考考场的时候，感觉心里很踏实。

错过建筑专业与航空重逢

高考结束之后，我很乐观地给自己估了600多分。也许是因为上一次高考没达到预定目标，我对建筑专业仍然怀有执念。2016年的高考志愿，我在提前批仍然填报了一个建筑类专业。如果考分超过600分，也许我就能弥补上次高考失利的遗憾。

6月23日查分当天，我特意躲了出去，跟朋友约着去东单打篮球。分数是妈妈查的，总分569分。我对低于自己的估分有点耿耿于怀，但妈妈特别高兴。因为这个分数不会被提前批录取，但会进

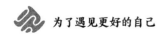

入我的本科第一志愿——中国民航大学空管专业，这个专业是爸爸妈妈咨询了很多亲朋的意见建议我填报的。不仅因为我从小喜欢飞机，也因为这个专业未来就业前景很好。能被民航大学录取，这是家人都愿意看到的结果。

录取结果正如妈妈所料，我成了民航大学的学生。谁能想到命运兜兜转转，又让我回到了自己最初喜爱的航空领域。

我的未来不再是梦

现在仔细想想，这一切似乎是冥冥中安排好的。我考上的是中国民航大学空管专业，这个专业对英语成绩有很高的要求，规定高考英语单科成绩不能低于120分，口语不能低于4分。我上次高考英语成绩只有90分，但复读之后英语成绩123分，恰好过了学校要求的分数线。更让我惊喜的是，根据学校现在的新政策，大二可以申请转专业，仍有机会做飞行员。而且今年飞行员的身高要求，从过去的1.85米调整到了1.90米！我觉得自己离最初的飞行梦越来越近，当初复读的决定真是太明智了。

现在入学已经快一年了，我越来越觉得这所学校很适合我。即使大二转不了飞行员，对于目前所学的专业，我自己也很喜欢。所有的课程都符合我的兴趣，所以学起来丝毫不费力，几乎不用复习就能轻松通过。空管负责飞机调度，专业性强，未来就业门槛高。

而且随着航空业的发展，未来对空管人才的需求会越来越大，今后就业肯定没问题。

我们的学校就在天津滨海国际机场隔壁，每天飞机就从宿舍窗边起飞。能够离自己喜欢的飞机这么近，真是最开心的事儿。我现在多了个爱好——拍摄飞机。一有空，我就溜达到隔壁的飞机场，拍摄各种天气状况下的各种飞机。为此，我还花了几万元钱，买了一台尼康相机。有时候，我从随身携带的手台里还能听到空管人员的对话。有一次，我就听见一个飞行员问空管，再过半小时是否能起飞，如果不飞就得去加油了。想到以后自己也会跟他们一样，与飞机和蓝天相伴，我就觉得特别开心。

🏅 给学弟学妹的建议

1.关于学习：自己一定要端正态度，只有自己想好好学了，才会有动力去补齐漏洞。我的班主任用自己的实际行动教育了我：有很多人，没有我们这样优越的学习条件，但仍然在坚持追寻自己的梦想。跟他们相比，我们有什么理由不努力？

2.关于填志愿：要明确一点，上大学的目的是为了自己的未来，不要为了上名校而忽略自己真正的理想。不要非985、211不上。我以前的高中同学，有的考了很高的分数，上了所谓的名校，但所学的专业自己并不喜欢，每天做实验、写报告感到很煎熬。这样的结果一定不是大家所期望的。

　　3.关于专业：一定要选自己喜欢的，要了解专业的就业前景。毕业后好就业，能成为社会急需的人才，这会让你的未来更光明。建议在填报专业之前，多找些学习相关专业的师兄师姐了解下专业的学习内容和未来走向，能选择自己喜欢的专业是很幸福的事。

培训两个月艺考生提高170分

    2016年3月，艺考生郭爱梅的专业分数考过了清华大学美术学院的录取线，但"一模"文化课成绩只有320多分，要达到院校的文化线标准，她倍感压力。关键时刻，她进入精华学校全日制小班，在突击培训了短短两个月后，奇迹出现——她的高考成绩考出494分，比"一模"整整提高了170分，如愿以偿考上了心仪的高校。

采访者：任洁

讲述人：郭爱梅

高考时间：2016年

现就读高校：清华大学美术学院

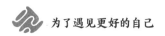

文化课成绩离心仪院校要求相差甚远

我是天津人，上初一时迷上绘画，进入少年宫开始系统学习。虽然比一般学画的孩子起步要晚，父母也不是搞艺术的，但依靠苦练，加上可能还有点天赋，我中考时考入了北京中央美术学院附中，离梦想越来越近。

2015年高考前夕，我第一次冲击心仪的艺术院校——清华大学美术学院，虽然专业合格，但因为在全市排名靠后，还是铩羽而归。看到考入清华美院没希望，不服输的我干脆放弃当年高考，留在母校重新读了一遍"高四"（央美附中学制4年），目的是提高专业课成绩。

2016年春季，在封闭集训了一段时间专攻专业课后，我第二次参加了清华美院的艺考，这次专业成绩不错，获得北京市第八名。但在开心之余，我又犯了愁：自己的文化课"一模"成绩只有320多分，离清华美院的要求还有很大距离，难道梦想的小船再次漂远，无法乘上它抵达彼岸吗？我辗转反侧，一度苦恼得睡不好觉。

全封闭补习吃住均在学校

人生能有几回搏，成败在此一举！为了不因文化课拉分而与清华美院失之交臂，在同学的提醒下，我决定参加补习班突击提分。

通过资料比较了几家大型高考辅导机构，又听了同学的推荐，我凭直觉没有进行试听就选择了精华学校，于2016年4月进入全日制小班学习。

全日制小班要求学生全天在班上课，从早上7点半学到下午6点，晚上接着上晚自习；老师在办公室里随时接受答疑，周六半天名校老师讲大课，半天自习；吃住均在学校，出校门要请假。我在精华学校的青云总部学习，住宿则在花园桥校区，校方安排了专门的班车接送，可以心无旁骛专心补习。

远在天津的家人说，如果我留在高中复习，老师看不过来那么多学生，我年纪小也管不住自己，不如像这样全封闭培训，对这种管理方式非常赞同。

抗压能力强，熬过排名垫底日子

刚来精华学校时，因为文化课底子比较薄弱，我被分到3班。第一次入学考试只考了370多分，而别人都是四五百分，我在全班排名垫底，压力山大，唯有语文考进了前三名。幸好我有着多年独自在京求学屡受挫折的经历，增强了抗压能力，即使遇到过半夜下火车打到黑出租的糟心事也没有崩溃。

"班里学习好的多，总比全是不如我的强吧，我可以向他们学习呀。"我没有时间去流泪，也不会自卑，而是不停地自我暗示，

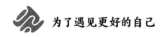

告诉自己文科多背诵就能多挣分，一定能行的，就这样熬过了最艰难的一段日子。

精华学校每周一都会做励志活动"成长驿站"，利用半小时时间讲述各种励志故事、分享英语文章、观看励志电影片段。我被一个运动员的事迹深深打动："那个运动员很有希望夺得名次，却在比赛中意外崴脚。可是他没有放弃，而是马上爬起来，一瘸一瘸地拖着脚走向终点。"每当累得撑不住的时候，这个小故事就会在我的脑海中浮现，激励着我咬牙坚持。

全班不到15个同学，只有我一个艺考生，应届生占多数，课堂气氛活跃，师生互动频繁。虽然大家来自各所学校，却不是各扫门前雪，而是热心地互相帮忙。我是插班生，每当有了问题找人询问，同学都会热情作答，从不敷衍了事。同桌的英语成绩特别好，排名全班第一，我经常找她问英语题；前桌同学的数学成绩好，我们就互帮互助，共同进步。

教师提供个性化辅导

精华学校的每个老师都有着鲜明的教学特点，课堂氛围毫不枯燥，给我留下了深刻印象。像英语老师刘老师为人风趣，讲课幽默，每次上课都能把学生逗笑。知道我来得晚、做题比别人少，他还特地找来模拟题让我课后完成，还说不会的尽管去问他。

数学老师系清华毕业，对学生非常有耐心，课下答疑时间是最长的，从来不烦躁不发火。每节课他都准备一个主题，保证让大家都能理解吃透，不会为了赶进度放弃任何一个人；他会针对每个学生的特点分别布置有针对性的题目，帮助学生取长补短；他还把每种题型都整理出一套试卷，学生做完就能掌握解题思路和方法。发现我总是在选择、填空题上出错，他专门给我提供了这方面的试卷，做完一遍有不会的去询问，明白后再做，反复练习，直到彻底掌握。

语文老师上课前经常会放一段朗诵，主要为名家名篇的散文，学生听多了，语感自然增强，这对写作文很有帮助；历史老师习惯把课本的知识点和代表题型成系统地梳理串联起来，整理成厚厚一本，知识脉络非常清晰；政治老师则注重思维分析，上课喜欢写满一黑板，帮助大家加深记忆。

全日制小班有专职班主任，她为人热情友善，我找她印卷子，她从不推辞，不是分内干的事也很热心。每次考完看谁成绩不理想，她都会把学生单独叫出去开导、鼓励，并提出适合的建议。

精华学校的习题都是老师自己编印的，同时安排我们做各区模拟试卷和历年高考真题。根据学科不同，题量也有所区别，并不鼓励学生陷入题海战术。小班每周都有周考，一次考一门，这周语文，下周数学，时长与高考一样，以便学生适应考试状态，了解近期对科目的学习情况，复习起来更有效率。

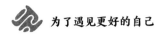

高考题目似曾相识，做起来很顺

在精华学校老师的点拨下，我逐渐找到了学习窍门，掌握了适合自己的学习方法。最后一次全科目考试，我的成绩显著飞跃，总分接近450分，梦想不再遥远。我变得更加自信，在离高考还剩半个月的冲刺阶段里，一度很放松，还和朋友出去吃过饭、唱过歌。

到了6月5、6日两天，我重新紧张起来，捧着文综题狂背，高考前一夜迟迟无法入睡。这样的情况对我来说并不陌生，每遇大考就会发生，所以也没有过于纠结。第二天早起时，我的精神状态还不错，喝了一杯咖啡就走上了考场。

我考试时挺淡定，没有之前那么紧张了，还注意到旁边考生用的是橘黄色的"老人头"橡皮。哈，这可是艺考生的专用橡皮，原来是战友啊。

凭着这份镇定，我感觉高考题目并不算难，很多题目看起来似曾相识，在小班里听老师讲过类似的，比如数学、语文的阅读理解等。于是我心里踏实下来，做题时很有感觉，越做越顺，信心也越来越足，实现了真正的超常发挥。

查高考成绩时，虽然已有心理准备，但我还是被分数"震懵"了——494分，足足比"一模"高了170分，上清华美院绰绰有余！我的第一反应，是不是判卷老师打分松了？回过味来才是狂喜，无比地庆幸自己上辅导班的选择，感谢帮我圆梦的精华学校。如果没有小班管得那么严，没有老师帮着归纳整理出系统的知识脉络，让补习得以事半功倍，我就不会心里这么有底，取得这样的好成绩了。父母也直呼，这场投入很值。

辅导班的日子美好而难忘

我在天津读书的一个朋友也是去年参加高考，虽然过了北京电影学院的专业线，但因为文化课成绩不达标，而与理想的院校擦肩而过，只能选择复读。她跟我的情况很像，如果我早点知道，一定会建议她也上个冲刺班，希望她今年能梦想成真。

去年暑假，我和小班同学约好，回精华学校相聚，彼此一打听，基本都考上了满意的大学。虽然上辅导班的日子已成为过去，但大家至今在微信上保持联系，闲聊之中，都觉得那段时光美好而难忘。

目前，我正在清华美院绘画系读大一，未来的路将根据自己的发展情况逐渐明确。无论是读研继续深造，还是出国学设计，我都会不忘初心，稳扎稳打向着理想继续前行。

给学弟学妹的建议

1.关于专业：根据自身条件选择真正喜欢的，不要过于关注专业现在是否热门，因为热度会随着社会发展而变化，也许过两三年今天的冷门就会变热。未来怎么赚钱都行，但兴趣对个人发展来说更重要，毕竟清华北大毕业的都不一定买得起房，为什么不选自己喜欢的专业呢。

2.关于大学：结合自己的兴趣所在，选本专业在全国、业内拔尖的高校；如果想要未来的发展平台高，就选综合性强的高校。为此，自己最好能了解感兴趣的专业在各大学的排名。还要注意，上大学后一切要靠自己，没有人再像精华的老师那样督促你了。

3.关于高考复习：复习时一定要有针对性，会的题型就不要再狂刷题，如果不是有实力考清华北大，就切合自身实际多做中等题，不要让过难的拔高题影响自己的心情。

4.关于考试：别发憷，要相信自己这么多年的准备。坚定的信心是成功的一半。

感恩这场相遇，
把我带上更广阔的平台

就读于清华大学生物医学工程专业的郭子剑常常会想，如果三年前高考后顺利被自己并没有那么想去的中国科技大学录取，自己的人生现在会是怎样？他甚至会有点儿庆幸自己当年的落榜，这样他才有机会蓄力后来到一个更加广阔的平台，发现更多厉害的人，看到更广大的世界。

采访者： 牛伟坤

讲述人： 郭子剑

高考时间： 2014年、2015年

现就读高校： 清华大学

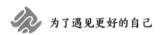

高考考了"史上最烂"

我2014年第一次参加高考时，预估分是690分左右，所以第一志愿特别自信地填报了北京大学；在老师的推荐下，第二志愿填报了中国科技大学。当时的想法是，被中国科技大学录取应该是妥妥的；只要没什么意外，北大应该也没问题。结果分数一出来，自己傻了眼，只考了666分，这个看上去充满好运的数字是自己的"史上最低"。我还记得拿到成绩的时候，自己正在一个培训班里学法语，当时就有预感，自己可能要复读了：上北大肯定没戏，中科大自己又不是那么想去。最后没想到的是，当年中科大的录取分数也特别高，就算自己想去也还去不了。

学法语的班上有一个四中的同学，听到我半开玩笑说自己可能要复读的时候，就提到他们学校一个同学是在精华学校复读的，效果特别好。那好像是我第一次听说精华学校，但是那会儿还没怎么上心，毕竟最终的结果还没出来，自己复读的决定还没有那么紧迫。

等到真的发现自己两个志愿全部落空的时候，我才开始给自己找退路。当时也真是没有什么头绪，就在网上乱搜，打了几个电话，一听我的高考分数，大家都不愿意接，觉得高分考生不好辅导。一般的复读机构针对的都是想考二本或者冲刺普通一本的学生。我还记得当时听说有一个人大附中的退休老师办了一个小型的培训班，电话打过去，人家直接说"你还是别来了，我怕把你的分数弄低了"。后来就突然想到了四中同学提到的精华学校，过去参观了一下，就定下来了。

一个小训练带来大收获

来到精华学校，给我感触最深的是，这边的老师特别重视最基础能力的训练。就拿推荐给我们的作文范文来说，之前的老师推荐的都是比较"极端"的文章，可能在一部分人看来是满分作文，给另外的人判卷就有可能不及格；而精华老师推荐的是思路清晰的文章，不鼓励一味寻求标新立异。我觉得这样的定位特别好，因为为了取巧、猎奇而去标新立异，很容易会被判成跑题，风险很大。从精华老师这里，我学到作文要在思路清晰的基础上去表达自己真正想表达的东西，可以有创意，但不能出大格，这样最稳妥。在精华学校这一年得到的这种训练，对我现在的论文写作、小组讨论的发挥，都非常有帮助。

为了训练我们清晰的思路，当时的语文老师会在课堂上拿出一部分时间让我们用来做课堂展示，展示的主题不限，可以是某种新生事物，也可以是我们对生活中某件事情的思考，唯一的要求就是在限定的时间内让其他同学都能听得懂。

为了让别人听懂，在设计展示内容的时候，我们就得把整个思路理顺。其实，这也是一种很好的逻辑训练，对于写议论文帮助很大。我还记得，自己当时给同学们介绍的是施一公院士在2014年发表的一篇文章《中国大学的导向出了大问题》。这是一篇很长的发言稿，那么在向同学展示的时候，我就要思考：如何在短时间内把关键点都抓到并且准确地转述出去，写作者的身份是什么、他想表达什么……给自己的提问，有效地帮助自己梳理了思路。

另外，这种公众的展示也是对自己资料查阅能力和阅读素养的训练。比如，我做的另外一个展示是对于火灾中总有消防员牺牲这种社会现象的思考。每次这样的事情发生，总会有铺天盖地的新闻，但是下一次同样的悲剧还会出现。为什么国外消防员在救灾中牺牲的情况比较少见而在我们国家却一再发生？为了搞清楚这个问题，我就跑去查阅了大量的文献，其实也相当于在短时间内进行了大量的阅读，学会了如何在大篇幅文章中获取有效信息。

自己展示有收获，听别人的展示同样也是一种学习。因为在这个过程中，不仅可以获取全新的知识，还可以从中学习一种思维方式，因为别人说的不一定全对，你可以进行批判以及辩证思考。

所以我觉得，语文老师课堂上的这个小训练可谓是一举多得，班里的同学都乐此不疲，受益良多。

外地题库同样需要重视

在精华学校给我印象比较深的另外一位老师就是我的化学老

师。与语文老师一样，他也是一个思路极为清晰的人。一份100分的化学试卷，其中90分可能都是基础性考察，考察学生是否能够理解书中的内容；另外有10分是拿分相对困难的考题，是在基础理解之上的拔高，这类题目一般会给出一个新知识，让学生能够利用书中所学的原理和方法来理解这个新知识。

针对化学试卷的特点，化学老师对这两部分进行了"逐个击破"：90分的基础内容通过清晰的逻辑进行串联，并辅以大量的练习，只要重视课后作业、跟随老师的训练，90分基本能够拿下；10分的拔高内容则通过专项练习来进行强化。因为即使是拔高题，其核心也还是书中的原理，化学老师按照氧化还原反应、方程式等几大原理进行分门别类。这样一来，做题时再碰到新内容，就能一眼识别出题目想要考察的类别。

物理老师的讲义也很见功力。在准确把握考试方向的基础上，网罗了全国各地的考题。而且，物理老师特别注重模型的建立，让我们知其然也知其所以然。比如讲欧姆定律，就不仅仅是讲字面上的定律内容，还会让我们知道电流是怎么来的，这样在做题目的时候，就能从本质上掌握题目，更加得心应手。而且物理老师特别注重基础的训练，所有的题目都带我们回归基础。每次讲练习的时候，也会着重提醒，题目来自书上什么知识点，让我们重视打基础。

另外，化学、物理及生物老师在对我们进行题目练习时，不局限于北京地区的考题，这对我来说还是挺有帮助的。因为我之前特

别不愿意做北京以外地区的考题，总觉得不像高考题。后来发现，各地出题形式千种模样，其实是万变不离其宗。以生物学科为例，北京的题目经常是以实验为背景，全国卷会以基础知识点为背景。通过这两种方式进行同一个知识点训练巩固的同时，顺便把知识点也给复习了。我记得第二年高考时有道生物题型，就很像外地题，拿到考卷的时候我感到很亲切，庆幸自己在这一年的复习里没有忽略外地试题的练习。

通过"答疑"引导自主学习

我们英语老师是一个特别重视答疑过程的人，这更像是一对一的个性化辅导。拿我来说，我觉得与语文作文相比，英语作文并没有容易多少：语文作文要做到思路清晰，会有很多方式；但是，英语作文即使有了样例，也很难一步达到样例的程度。我们英语老师当时是按照不同体裁让我们进行分类的练习，比如说明文、应用文等。在训练时，念范文、学习范文只是手段之一，更重要的是去反复地写，然后利用答疑的时间进行反复的修改。

我还记得当时几乎每周一至周五，英语老师都会拿出专门时间给我们答疑。为了不浪费这个答疑时间，能在这个时间段里有问题可问，我们只好在课下自己主动找大量的题目来练习。这种一对一的答疑对我来说帮助还是挺大的，在这种情形下获得的指导留下的印象会比较深。我到现在还记得，当时英语老师指导我写作文要多注意词汇的变化，比如提到"非常"不要只想到简单的very，可以使用更高级的more than等不同表达方式，来扭转自己中国式英语的思维方式。

另外，在阅读理解部分，英语老师特别注重引导我们找关键信息，将文章解构，看清楚文章的结构组成。这样一来，做题的效率就会很高，题目完成得也会很快。

二次高考如愿进清华

复读这一年里，自己还拿到了清华大学高水平艺术团60分的加分，所以再上考场之前，我心里很有底气。当时还跟别人开玩笑说，自己唯一的担心就是上不了700分。然而，考试毕竟有偶然性，虽然最后成绩没有自己想象得那么高，但还是如己所愿，进入了清华大学。

经过这一年的复读生活，我总会想起以前老师说过的一句话：你们总觉得以后的人生会越来越轻松，上高中的时候想着等考上大学生活就美满了；上了大学以为保研之后人生就美满了；然后就是找到工作、进入职场……其实，事实不是这样的，每一次的人生转变带我们去的都是一个更高的平台，上的都是更高的台阶，然后带我们认识更牛的人，迎接更大的挑战。我有时会想，如果当年中科大的分数线不是不合常理地那么高，自己顺利去了中科大，可能就不会有跟现在一样的平台，再往上走，可能也遇不到现在所遇到的这么多厉害的人。

所以，我很感谢自己与精华学校的相遇，感谢它带我来到现在的平台，看到现在的世界。

给学弟学妹的建议

希望学弟学妹们能感恩与精华的相遇，相信自己的老师，跟随他们的指导好好复习。要珍惜跟老师和同学们度过的这段时光，因为在此之后，你们可能就很难再像以前那样相聚。

我还想告诉大家的是，走过高考的考验，人生中还有更多的考验在等待着你们，希望你们做好准备，迎接接下来的挑战吧。

换个新环境高考顺利"过关"

　　班里同学全是"学霸"，每天的学习节奏紧张得透不过气。身处这样的环境，韩思维感觉度日如年。加上与班主任相处得也不好，她再也忍受不了这样的氛围，高三上学期选择离校，进入精华学校的全日制小班备战高考。换了新环境，在老师的关心下，她的心情不再压抑，成绩进步明显，顺利考上第一志愿院校。

采访者：任洁

讲述人：韩思维

高考时间：2016年

现就读高校：北京中医药大学中医学专业

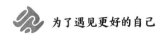

进入"学霸"班，氛围压抑不适应

我家住北京郊区，从小成绩不错，初高中都是在本地一所市级示范校念的。中考前我就和学校签约，后来又算作推优生，一路走得很顺。直到高中阶段，成为我最不顺的时候。

我们高中设有实验班，想进去很不容易，要经过三次筛选：第一次是看中考分，530分以上才有资格（进实验班），第二次和第三次是根据高一第一学期和第二学期的表现来算分，这两次分别把期中、期末、月考成绩合起来进行大排名，排出前80人，分到两个实验班里，我的分很高，就这样考进去了。

进实验班之前，我是很努力的，谁不想跟尖子生一起读书呢？但是进去后才发现，这里并不太适合我。因为学校对实验班的期望特别高，班里的学习压力特别大，同学们整天都是"屁股不离椅子"的高压状态，分数考得贼高，彼此之间的感情也没有普通班那么深厚。没办法，大家的竞争意识都非常强，谁也不愿意被落下，都跟那儿比着，比谁学的时间长，比谁做的习题多。

我在实验班的第一次考试排在全年级前10名，但是很快就往下走了，有一段时间持续排在年级前20到40多名。到了高三前两个月，我在30多名和140多名之间来回跳，跨度特别大，这相当于在班上排倒数。发挥好的时候，每科都不错；发挥不好时，各科都考得很不好，这种感觉太糟糕了。

我不是那种拼命努力的人，喜欢轻松一点的学习氛围，想有时间去玩，逛街、吃饭、看手机之类，不想为了取得好成绩，就不要命似的学。但实际上却是，有时候你想玩会儿，下课后想站起来待一会儿，可大家都不说话，都在做作业，你突然站起来，大家会非常鄙视你。

我不觉得自己比别人差，但是同学们特别努力，他们太厉害了，让我很难受、很压抑，不舒服。虽然心里很拒绝，但行动上我还是咬牙多做题，没有办法，因此觉得特别累。时间长了，自己实在受不了这样的环境，越来越不想在这里读书，有点自怨自艾，没什么信心了。

我跟老师的关系也没有那么好。老师一般只关注排名靠前的学生，肯定不会关注倒数那几个，即便你的分数搁在其他班里算是中等偏上的，你觉得考得还可以，老师也不会太关注你。找我谈话也是那样一个状态，让我觉得喘不过气来，憋得慌。我几乎每天都和妈妈抱怨，"早知道当时不报实验班就好了"。

我在精华学校读书时，曾经回过原来的学校参加会考，听相熟的同学说班里越来越有压力，好多人都生病了。即便这样拼命，平心而论，实验班的高考成绩也不算非常好，最低分590多，平均分在600分以上。有一个考上清华，走的自主招生途径；一个考上北大小语种；三个考上北大医学部；参加"双培""外培"计划的特别多。

很多在我出来之前比我成绩好的同学，在这种环境下没考出来，还没有我分数高，他们肯定心里特别不平衡，因为最后出来的

成绩和努力是不匹配的。我考上的学校算不错了，反正自己挺满意的。如果当时我硬着头皮留在实验班，能考到590或600分就不错了。因此，我觉得还是心态比较重要。

因早恋问题和班主任关系闹僵

我父母很尊重我的个人意愿，从不会强迫我干什么。

我小时候上过各种辅导班，比如话剧、绘画、写字、唱歌、跳舞、手风琴等娱乐性质的班，还学过乒乓球；专业课更不用说了，英语、数学、物理等都上过。这些都是我想学的，不像很多孩子是父母逼着学的。因为我不想比别人差，想变好就得学，我还是很有自觉性的、要强，不愿意服输。当然，这些兴趣班我也没学出什么名堂，没考到多高的等级，就是开阔视野，特长比别人多了。

我从学校出来还有一个原因，就是因为早恋问题和班主任闹得特别僵。我初二时谈过朋友，当时就是想玩，需要有人陪着我一起玩。到了高中又交了男友，但不影响学习，成绩还行，不会因为完全投入恋爱而荒废学业，我只是需要一个倾诉的人而已。我做事很明确，如果今天安排了学习，你想让我干别的，怎么说都没用，我很理智，很容易抽身，感觉自己比同龄人要成熟一些。

父母知道我早恋后，当然是反对的，态度很鲜明。我不会跟他们主动提这事儿，一度和他们三天没说话，用这种态度和成绩说明一切。后来他们也就不说了，算是默认了。

我们班主任是第一年带毕业班，发现我早恋后干涉得很厉害，让我和男朋友不许在班里拉手，我做到了；又不许我们在班里说话，可我们是同学啊，这太不合理了。但我还是退让了，答应不说话，只要说话就停课三天，可老师还是会找茬。班主任对我妈妈也不太尊重，所以后来连我妈对班主任的态度也不好了。

我觉得很委屈，终于下定决心要从学校出来，那时候大概是2015年11月。

选对班级，寒假自我加压，成绩飞跃

以前我在一个大型课外辅导机构上过班，本来想接着报那儿的"一对一"班，但发现老师只会让我不停地做题，不能答疑解惑，性价比太低，很不值。我需要的是一个整体环境的改变，而不是学习上的突击，所以决定要上个全日制的。那家机构也有全日制班，但老师水平不行，比较了一下，还是精华学校质量更高，更让人放心，于是到了精华，当时成绩在580分左右。

刚开始我想报精粹班，但老师说精粹班的学生都是尖子，很多是复读生，奔着顶尖高校去的，不太适合我，怕我跟不上。所以，我去了全日制小班，全班在15个人左右，平时住校，周末才回家。这里的同学都很坦率、自然，情绪上不"装"，能够相互疏解负能

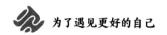
量。我和大家处得挺好，假期还约着一起去外地旅游过。

寒假没有课，老师让大家做练习册，相当于寒假作业。有些人没都做完，但我不同，不仅每道题都认真地做了，还对着答案做标记，因为想着马上要到高考百天倒计时了，一定要保持住学习状态。做完练习册，我还做各种模拟卷，做完功课才去约会，为此我专门制定了时间表，每天干什么都很明确。后来老师看到我的作业很惊讶，他们没想到我竟然全做完了。

努力没有白费。寒假结束，我的成绩出现了飞跃，之前分班时在7班，一回来考试就调到了8班，排第三名，然后一直是全班第一。

老师帮我调整好心态学会取舍

在精华读书，对我影响最大的就是环境，这里有我希望的宽松不压抑的学习氛围。学校以学生为中心，不会对我们提太多要求。老师都挺好的，风格各不相同，都很关心学生，不仅在学业上答疑解惑，生活中也很关心，就像朋友一般亲切、舒服。他们会问你最近是不是心情不好，状态怎么样。有一阵，我的数学只考了80几分，难过得一直哭。老师就开导我说，只是卷子的题型恰好是我不会的那种，不要太在意。老师给了我很多鼓励，慢慢帮我调整好了心态。

　　除了心理，老师们给我最大的帮助就是教会各种做题方法。他们资源多，能教学生如何分析题型，怎么去把题做对、怎么拿分。此外，老师会针对不同学生给出不同的学习建议，给薄弱的学生单独提供一些习题。只要我跟老师说哪方面是弱项，能不能帮我给找点题练习，老师就会满足我的请求。

　　老师还教我们学会取舍，不像高中老师那样要求学生面面俱到，所有的题目都不能丢分。精华的老师会告诉我最后一题可以不做，或是只做第一问，先把会的分全拿到，不弄能力范围外的题目，腾出时间去检查前面已做完的题。

　　在他们的教导下，我了解到自己处在什么状态，成绩越来越好，最后阶段考海淀二模试卷能拿到612分，心里就有底了。最终高考624分，比入学时高出40分，每科都有提升。英语提分最多，考了141分，比以前高了近20分。

　　英语复习我有窍门，就是背作文范文，每天早上五六点起来背诵，特别管用，句式背熟了，高考时全能用上。当然不是全文照搬，比如你背了20篇范文，一篇挑出一两句经典句式，集纳精华，把关键词改动一下，就能让你的作文体现出与众不同，不会千篇一律。

专业选择面窄，一度很纠结

　　我们这年已经开始考后报志愿，还是大平行志愿。作为理科

生，其实选择面很多，但我对专业的要求很高，不想学没兴趣的，比如机械工程、计算机、设计等，只想做我想做的事情。我不愿意大学学上几年，最后出来干的事和这些年没有关系，这多浪费青春时光呀。

我也不想报什么工商啊贸易啊人力资源之类的专业，太虚了，所有人都可以替代你的工作，这样就失去你存在的价值，起码要掌握一门技术吧。我觉得如果没有办法从工作里面找到乐趣，挣再多钱，每天都会过得很痛苦。

按分挑专业，我要考虑万一刚过录取线，只能服从分配的话，学校提供的专业我能不能接受，所以填报的时候没那么多选择。

为了报志愿，我看了很多录取线在580分左右的学校，特别纠结，不知道报哪个好。我曾经想过去中国石油大学，学出来可以分配到中石化，工作会比较好，但是他们的专业都是油气勘探类，不适合女孩；去北京林业大学学英语也不错；再衡量一下，觉得学医可以接受。我还想过，实在不行就上首师大英语系，当老师多好，还有寒暑假，但最后考分高了，又觉得那样报志愿太低了，可以更好一点。

我本来想考中国农业大学，学动物医学，将来当兽医，给小动物治病挺好的，后来发现农大分数太高，考不上，2015年的分数线好像是646分。成绩出来后，我就报考了北京中医药大学，改给人治病了，学中医学（卓越中西医结合）专业，是"5+3"本硕连读的8年学制，本科毕业时不用再参加研考了。

以我的分数考上北中医还是挺合适的，因为这所院校录取时有级差，专业之间降序是要减分的，如果第一专业没考上，去第二志愿直接减3分。我们班北京的分数线最低好像是620分，我624分，刚过几分而已，可以说分数一点儿没浪费。

给学弟学妹的建议

1.关于专业：从不浪费分的角度看，可以先画出一个圈，在圈里所有院校里面选择你能接受的专业，结合自己的分数进行比较，选够得上的，还要看能否接受该校垫底的专业。要考虑录取时的级差问题，一般第一志愿和第三志愿的分数线肯定是不一样的，学校会有明文规定。对女生来说，我不太建议报那种男生扎堆的专业，比如机械设计、生物化学之类，班里没几个女生，其实对女生的成长塑造没多大帮助，对以后的发展也不是特别有利。当然如果你特别喜欢就另当别论。

2.关于大学："985""211"高校自不必说，能上尽量上。现在是考后报志愿，分数下来了，再选大学是很容易的，主要是看兴趣，最好不要浪费上大学的时光，最后弄个专业与职业不对口。只是为了出来好找工作，能挣钱什么的，太功利了，会很痛苦。如果学校不是名牌只是普通院校，那就有了很多选择，如果接受外地的话，可以去外地高校；如果上市属高校，能提前积累人脉。最好是将来在哪儿工作就去哪儿上学。如果在A地上学在

B地工作，谁都不认识，到哪儿都是新人，对自己发展其实没有太大好处。有主见的就听自己的；没主见或随大流缺乏明确目标的，多听听父母的意见。

3.关于高考复习：不能自己复习。对于精华的学生来说，就是跟着老师走，因为老师处在海淀区这种信息集中的地方，对高考很了解。如果你在郊区或比较偏的学校读书，建议到中心城区，像海淀、西城这些优质资源带来上学。刷题很重要，但不能盲目地做完就完，你要了解这道题，自己对答案，然后划出重点，搞清楚哪儿不会哪儿弄错了，这样才能有很大提高。

4.关于考试：离高考还剩最后半个月的时候，要调整好状态，不再做难题，因为那段时间其实怎么做都不会提分的，就到那种程度了，再做题容易受打击。考试前一两天不要再做题，可以看题，分析一下错误原因。考完试不要对答案，尽量两耳不闻窗外事地走出考场，考完就过去了，不要和同学们讨论。该吃吃该喝喝，该休息要休息好，再去考下一门。

这一年"耽误"得值

2014年，侯雪格以7分之差与清华大学失之交臂。这个乐观开朗、坚毅笃定的女孩，在拿到成绩的那一刻，没有须臾的犹豫，就选择了第二年继续挑战。

从最开始的隔膜，到后来的熟悉，再到变得亲切……"高四"的一年中，侯雪格在精华学校中感受到了很多培训学校不曾有的教育情怀。而最令她感动的，是精华校园里一个个老老少少、平平凡凡、兢兢业业的普通人的身影。

在很多人看来，以她的高分，完全可以不耽误"高四"这一年。然而，侯雪格却有自己执拗的一面，她认为：这一年，耽误得很值。

采访者： 王佳琳

讲述人： 侯雪格

高考时间： 2014年、2015年

现就读高校： 清华大学

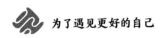

我不想做出国这种退而求其次的选择

清华大学，确实是我心中的一个目标。我用了两年时间去争取。有些人看来，也许耽误一年不值得，但我觉得：这一年很值。

高中时，我是北京十一学校理科实验班的学生。第一年高考前，我参加了清华的自主招生考试，不过只拿到5分的加分。

2014年，是我第一年参加高考。考完之后我就发现，数学的一道大题答错了，是因为马虎。果不其然，那年我的成绩是675分，而清华大学的录取分数线是682分，整整差了7分。拿到成绩时，我就知道，自己考不上清华了。我几乎是毫不犹豫地决定了复读，因为我确实想上清华，而且我也觉得自己有这个实力。

其实，当时身边也有一些未能如愿命中目标的同学，高考之后选择了出国，去美国、澳大利亚的不在少数，但我似乎没有受到这些影响。我觉得，这些选择对我而言，其实是一种退路，是一种退而求其次的选择，并不是最好的选择。既然就差这么几分，为何不冲一下呢？

我的复读就是在这种满满的自信里开始的。一方面，我在这一年中，尽量保持着一颗平常心；另一方面，我对自己的目标也很笃定。我认为，自己的水平不差，精华的师资也很强，一定会有一个好结果。

可能有人会说，这么耽误一年，不值得。我不这么看，这是我思考之后的选择。每个人的人生发展轨迹并不相同，有时看似是耽误，其实并不一定。对我而言，清华大学如同一个梦想，我不介意用一年时间去换这个梦想。

我被许许多多小幸福包围

精华学校的复读质量早已名声在外，所以我没怎么迟疑，就选择了精华学校。按照高考分数，我被分到了精粹班。

从成绩上看，我距离清华就差7分。但在精华的一年，我得到的远远不是补足那7分，也不是后来提升27分的成长，更多的是一种精神上的成长。在这里，有我许许多多的小小幸福，被老师亲切唤着名字的幸福，被关心的幸福，被鼓励的幸福……

老校长，楼道里偶尔会碰到的小老头儿，看到他的时候，他或是在捡起同学遗落的纸片，或是在拿着一个抹布擦拭桌椅。一位智慧的长者，一件件朴素的小事，如此静心，用我们带班老师的话说："可以让你们心灵受到洗涤。"一次匆忙跑下楼，没注意到鞋带开了，却在楼梯口被一位老师追上，告诉我老校长在后面叫了我好几遍，想让我系上鞋带，小心会摔倒。那一瞬，有一种感动从心底涨潮，想当面致谢，却错失良机。到现在，我离开精华，却深深感恩我们朴素而智慧的老校长。

带班老师是我最为感谢的老师，也是对我付出最多的老师。他课讲得特别棒，而且清楚地了解班上每个人，了解我们目前的状

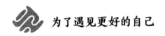

态，我们各科的水平，我们在学习上的困顿与进展。他会仔细准备对每一位同学的点评，针对性强，入木三分。被他探问或鼓励总是会让我在低沉的时候感到被人重视的幸运，或是在喜悦的时候感到被人肯定的欣慰，无论多么阴沉的日子，他是那个愿意为你擎起火把的人。在我心中，他不仅仅是老师，更是亲人一样的存在。在精华的日子，是我生平第一次住校，在校的日子见不到父母，心中的起伏无从倾诉，但看到他，就会感到安心、开心。有他在这里，就给予我力量。

物理老师，至今难忘他写下的"加油，丫头"，因此而更加努力，不想让他再看到我不理想的成绩。我的物理曾相对薄弱，但他就是这样一位有"扭转乾坤"之力的老师，只要将他的课仔细吸收，物理基础肯定牢，分数绝对低不了。同时，他又是一位十分温暖的老师，早餐碰到他，"老师先帮我买碗粥，我要去买煎饼"，塞钱，不要，回去塞给他一个大苹果……

校报的每一期我至今留存

精华学校有一份校刊，《精华周刊》，每期我都保留，现在偶尔还会翻看。这份一周一期的读物，记录了复读同学的心路历程，有很多励志故事。空闲的时候，我就会拿来读读。读完之后，心情自然开朗起来，感觉比网上的鸡汤文好看很多。

在精华学校的时候，老师特别鼓励我们写随笔，分享给老师，也借此与老师进行思想交流。随笔不限篇幅长短，近来发生的事情、学习和生活中的体会、突然之间的人生感悟，都可以写。如果老师觉得写得很有水平，就会"被投稿"——刊登到校报，美文共赏之。我的文章也有幸被投稿过一两次。

从这里可以看出，在这里，无论是师生关系，还是同学关系，都非常融洽。因此，大家才愿意敞开心扉，交流思想。这又让我回想起几位老师：

比如，生物老师，他不仅业务实力雄厚，而且充满积极向上的正能量。我的生物就是在他的指导下扶摇直上的。老师很幽默，但也很直率，他会当面指出你的问题，一针见血，可能会疼，但更会受到他所寄予的厚望的激励。

再比如，数学老师，也是一位很有才华的老师，同时平易近人，是可以一起乘地铁聊天的老师。我的数学成绩不稳定，经常找他问题、交流，进步很大。

还有很多老师，他们都是能给人温暖、给人鼓励的老师。老师们写给我的话、做出的指点，我至今心中长存，老师们的温暖与不动声色的鼓舞让我由衷感激。

还有管理处的老师、教务处的老师和几位宿管老师……我也许无法一一叫出他们的名字，但他们的关心却在我的心中时时漾起温暖。

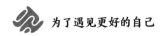

状元饼的故事常留心间

精华学校复读的一年，飞一样的过去了。转眼间，我就迎来了第二次高考。高考之前，是我非常奋发的一段时光。而至今，回忆起高考，考题在我胸中早已模糊，而关于那两块状元饼的故事，总是让我会心微笑。

那时候是高考前夕，学校已经放假，而我还在留校复习。我隐约记得，那天是个周末，教室里就十来个人，大家都在安静地自习。这时候，一个老师跑到教室门口，探头探脑地朝里看，突然发现了我，立即朝我挥了挥手，示意我出来一下。

我很好奇，就出了教室，去找老师，问有什么事情。老师一脸神秘，手背在后面。看我一脸疑惑，就把藏在身后的手突然抽出来。我一看，是几块状元饼。

我以为饼是学校自己做的，外面没有地方买，所以又跟老师提了个要求。我自己有两个弟弟，比我小不到一岁。原本是我第一年高考，他们第二年。结果，我复读一年，和他们同一年上考场了。我觉得，状元饼是个好彩头，所以就想为我弟弟也要两块状元饼，带回家去，分给他们。老师说，手头的饼没有了，他还得再去找找。

其实，老师又去外面买了，回来以后就告诉我，又找出来几块，全都塞给了我。我当时特别开心，自己又吃了两块，心里还有一种莫名的感动。另外几块，我带回家去，送给了我弟弟。

吃下状元饼，带着老师们的祝福走进考场，我的高考一帆风顺。看到成绩的那一刻，我的泪止不住流下，模糊了三个小小的、却弥足珍贵的阿拉伯数字——702。经过一年的等待，我终于实现了我的梦想，考入了清华大学电子系。

如今回望在精华的一年，复习知识、准备知识只是其中的一部分。在这里，我更感受到了一位位老师朴素而真诚的教育情怀。

在这里，老师们让我知道，我们也许是本次高考的失败者，但绝不是人生的失败者。在这里，我们遇到这样的老师，遇到拼搏上进的同学，是他们，为我的人生道路定义了新的尊严。

给学弟学妹的建议

1.关于复读的风险：我感觉，复读最大的风险，并不是来自于考学的风险，而往往来自这一年你在心理建设上的风险。如果你不是一个比较坚定的人，或者是怀揣着某个信念的人，复读中就容易突然出现迷茫之类的情况。出现这样的情况，首先你可能就会感到非常痛苦；之后，就可能导向失败。

如何减少这种情况呢？

第一，内心要坚定执着。复读之前一定会有纠结，这时一定要把问题想得透彻、清楚，一定要自己想通了，再去复读；一旦想通之后，就不要再反反复复去思考复读的决定，就要大步向前。

　　第二，要选择一个积极向上的集体开始自己的学习，这是外部环境的因素。如果环境的"场"促你向上、促你向好，你就会朝着好的方向走。

　　我觉得，只要做好以上两点，就可以控制复读的风险。

　　有一句话送给大家：执着的人不一定能迎来想要的结果，但随便说放弃的人一定不会抵达理想的彼岸。

　　2.关于战胜疲惫的感觉：疲惫的时刻肯定是有的，但仔细想想看，做什么事情不疲惫呢？仅仅是复读吗？疲惫的时候怎么办？睡一觉，就好喽！

　　在复读期间，要长期抱有一种乐观的情绪，这非常重要。人不乐观，是受不了坎坷的。复读这种经历可以帮助你变得更乐观。因为你不乐观，你就没有办法生存下去。在这种情况下，你只能朝着好的地方、阳光的地方去想，这也是对人的一种锻炼。

　　很多人想到复读，就会觉得漫长而痛苦。其实，只要你目标明确，在学校里的生活非常简单，时光也过得飞快。

　　3.关于班级凝聚力：班级的凝聚力和向上的精神，在复读当中也起着至关重要的作用。这和一个人在外面学习，有很大的不同。周围人对你的影响，力量是无限的。如果这个班级的同学都非常刻苦、勤奋，每天都奋发向上，你还有什么理由不好好地学？

　　不过，班级的凝聚力也不一定全部都和学习有关，班级集体活动也是增强班级凝聚力的主要手段。作为班级的一份子，要积极融入到班级活动里。除了讨论学业方面的东西，大家业余时间一起运动，打打球、踢踢毽子，这些活动对于大家彼此熟悉也很重要。对于调节自己的情绪，与班级同学建立良好的关系，对未来能获得更多班级同学的扶助，都很有意义。

　　复读班的同学，人生有过类似的遭遇，而且大家对于未来也有着相同的远大抱负，这很利于大家凝神聚气。除了老师，班级里的同学也是学习中宝贵的资源。大家相互帮助、扬长补短，对于提升复读成绩有很大帮助。更重要的是，大家经历类似，更能理解彼此，在心理上也能相互支持。

从交白卷到暴涨300分
背后的奥秘

2014年，在加拿大读了10个月高二的黄寅煊回到北京后，显得有些不知所措：学籍出了问题，没法回到出国前的学校继续念书；即便找到能接收自己的学校，面对与国外高中完全不同的知识体系和教材，如何在别人忙着复习的一年里既学完"新知识"又完成复习，对她来说是个不小的挑战。

精华学校解决了她的这两个后顾之忧。她从开始摸底考试后，显得有些不知所措（学期初259分），再到最后高考的601分，黄寅煊凭借自己的努力实现了华丽的逆袭，最终进入北京第二外国语学院，开启了自己崭新的追梦之路。

采访者： 牛伟坤

讲述人： 黄寅煊

高考时间： 2015年

现就读高校： 北京第二外国语学院

"走投无路"，被精华"收留"

我是在2014年8月来到精华学校的，之所以来到精华学校，有主客观两方面的原因。

在此之前的高二我是在加拿大读的，读了十个月之后，觉得不太适应，又重新回到国内；回来之后，之前就读的学校声称我的学籍出了问题，不愿意再次接收我，我被逼得没学可上了。后来，我们开始考虑培训学校。当时听说精华的口碑特别好，我爸爸考察之后，精华学校老师的专业和敬业给他留下了非常好的第一印象，于是我们就决定来精华了。

精华学校接收我之后，我还记得自己做自我介绍的时候非常高兴。因为出国前跟之前学校关系不太好，回国之后也不接收我了。现在终于找到了一个愿意接收我的地方，我开玩笑说"这就是一个奇迹"。

但是，我们班主任听我说完之后很不高兴，说"这么好的女孩子，凭什么不接收我们呢"。听老师这么说，自己心里觉得特别温暖，感觉这里的老师真会照顾人。我们老师觉得我自我介绍的时候还挺幽默的，就把我的自我介绍给录了下来，有时候课间还会给大家放一下，成了大家开怀一笑的解压"笑果"。

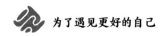

温暖和善意环绕自己一整年

第一次自我介绍时感受到的温暖和善意，贯穿了接下来的一整年。初来乍到，由于对学校附近的交通情况不太熟悉，加上我不怎么认路，经常不是坐车坐过一站，就是到了十字路口不知道该往哪儿拐了。后来，晚上放学的时候，班主任就悄悄安排了两个女同学送我到车站，直到看到我认路了、能自己顺利坐车了才放心。从来没有人跟我提过这件事情，好久之后，我才无意中得知这一切都是班主任的秘密安排。

由于之前在国外待过，所以这种对比感受就更为强烈。之前在国外想家想哭了，同学们不仅根本不会安慰我，有的甚至还会去老师那边告状，说我影响了他们上课和学习，在精华学校就完全不一样。

再比如，在国外的时候老迟到，一迟到老师就会朝我吼，或者不让我进教室；后来因为自己太害怕了，再遇到迟到的情况，就干脆先不进教室了，等到下课或者中午再进。来精华学校以后，自己也迟到过，有时候着急忙慌地连衣服都会穿反，但是老师们的第一反应是关心我"是不是身体不舒服"，不会认为我是故意起晚了。老师们很友好，不会有大声吼学生的情况，这样的态度反而会敦促自己不好意思再迟到，逐渐养成了规律生活的习惯。所以，感觉这一年过得特别充实，自己没有浪费生命。

在一点一滴小事中感受到的温暖，让我觉得自己像是有了另外一个家，整个人也开始慢慢变得自信起来。

从75分到146分的背后

当然，在我一开始进入精华学校的时候，一点儿也谈不上自信。

老师和学校温暖的环境虽然让我觉得还挺适应的，但是从学习上来说，很多学科高考要考的东西我几乎没有学过，一切都要从头开始学。在一年的时间里要学习新知识，还要准备复习，压力有多大可想而知。

刚入学的时候，学校进行摸底测试，我还记得自己当时从考场出来，忐忑地问老师："如果我考了零分怎么办？"老师一个劲地宽慰我说"没事儿没事儿"，老师笃定的回答让我松了一口气，感觉到老师们并没有因为我的分数低就瞧不起我，还让我挺安心的。

成绩出来，我真的只考了几十分。其实对我来说，这是一件意料之中的事情，因为自己根本没怎么答，交卷的时候基本上都是空的；答出来的大多靠的也都是第一印象或者初中的底子。自己状态也不是特别好，看一眼语文试卷都觉得心烦，在国外虽然也学中文，但是文字都是繁体的，所以适应起国内的试卷来就会有一定困难；加上一看那么大的题量，题目所需的解题思路也都好久没有

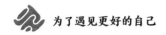
碰了，卷子答得乱七八糟。文综更是从来没有接触过，连该怎么答卷都没有概念。

真要把这些东西重新拾起来，还挺不容易，教材完全不同，知识体系也都要重新适应。就以对我来说最难的历史学科为例，在国外学的加拿大历史只有两百多年，咱们的历史有五千多年。政治也完全都是新课。作为文科生来说，还有很多要背的东西。

除了文综，数学也是我的老大难。我还记得，第二学期一模之前挺重要的一次考试，满分150分的数学我只考了75分。老师看了我的成绩之后没说话，到了中午的时候找我谈话，开场就说"看了这个75分的成绩我心里咯噔一下"，然后开始逐题帮我分析出错原因，基础题扣了多少分，有哪些分是可以补上来的。那一刻，我感觉到老师的心和我的心是连着的，我考得不好，老师真的会跟我一块儿难受。有了这种情感上的连结，就让我觉得自己不是一个人在作战。有了低分和失利的教训，最后高考数学我考了146分，拿到了"史上最高分"。

个性化辅导步步攻坚克难

来到精华学校以后，让我觉得最赞的是学校的教材，系统地构建了知识体系，将各个知识点串联得特别清楚。比如政治学科讲到货币政策，老师会把知识点总结得像数学规律一样，什么时候该实行什么样的货币政策，在这样的货币政策下政府要采取什么样的措施——从一个知识点到另一个知识点，全部都串了起来，甚至不同版块的知识都能被联系到一起。本来上课做笔记是一件特别枯燥的事情，但是我却特别喜欢做政治笔记，一方面是因为这些是我从来没有学过的新知识，我觉得很有新鲜感；另一方面也是因为老师这种"框架图"的教学方式，在自己的头脑中可以形成一幅全景图。

另外，政治教材在每一个知识点后边都附有经典题目，可以通过反复练习、改错达到对知识点的巩固效果。这样一来，每一个知识点都学得特别扎实。我觉得，有时候文科跟理科一样，也需要多做一些题目，这样可以帮助把知识点理解透彻，记得会比较牢固。而且从高一的知识点开始讲起，在自己初中的基础上往上搭，让我这样一个几乎从零开始的学生接触起来也并不觉得十分吃力。

针对我的情况，老师会特别注意在一点一滴甚至是非常小的事情上面帮助我培养自信。比如说，第一节课数学课讲的是不等式，因为小时候学过奥数，我一下子就把所有题目都答出来了。数学老师就抓住我这个闪光点，一个劲表扬我"很聪明"。老师对我的期望值给我带来了很多动力，甚至还影响到了我地理学科的学习。

地理是我之前拿分最低的一门学科，我一直觉得地理很难。在某种程度上，地理有跟数学相似的地方，记背的东西不是很多，但是你得把它的道理给绕清楚了。在数学学科上有了自信之后，我开始慢慢觉得既然自己数学能学好，那地理也应该没问题。

之前自己答语文阅读题总是答不到点上，后来语文老师为我们总结了一系列的答题技巧，铺垫、前后呼应、修辞手法……答题技巧用得不熟练的时候，我会把所有沾边的往上靠，虽然会显得有些笨拙，但是起码有了运用答题技巧的意识。后来熟练之后，答起语文试卷来也开始越来越有思路，成绩也开始有提高。另外，语文老师对我的作文帮助也很大。之前，我在外面的周末班学到了一个作文技巧，就是把一些固定事例往不同主题上套。新学到这个技巧，我觉得特别得意，一有机会就拿来实践一下。写了几篇之后，我们语文老师找到我提醒说，这样写作文肯定不行，每篇作文看起来都像是复制粘贴上去的。之后的实战经历多了，才庆幸自己早早听了老师的话，作文还是不能有死板的模板，否则很难写出自己的个性和特色，也难有真情实感。

在国外待了10个月，英语对我来说不是问题，但是应对考试，还是需要训练。英语老师对我的要求是要保证一些题目不丢分，比如完形填空只能错一两个，前面的阅读题保证不错。此外，为了帮助我向高分冲刺，老师经常让我在别人做一篇阅读题的时间里做两篇。尤其到了快高考的时候，每次在我犯困的第一节课，都先做好几篇阅读醒醒神儿，现在想起来倒也是挺美好的回忆。以前上课的时候，英语老师还会让我们口头翻译阅读中的每句话，对我现在的翻译学习很有帮助。

"史上最高分"收获意外之喜

上课不要睡觉，上地理课不要搞"副业"，政治里的"金科玉律"都要记在笔记本上……各个科目开始走上正轨。生活也开始变得有规律起来，起床之后去学校、上课、上自习……积累得多了，再看到考试题，就像看到平时的练习题一样，不会像自己最开始摸底考试那样觉得题量太大了。状态有了，分数也开始一点儿一点儿往上涨。从入学成绩的几十分，开始提升到了一模的500分。但是，对于高考能发挥到什么水平，自己心里也还是挺没底的。我记得直到考前的最后一刻，我还在背古文。

出分那天，爸爸接我去精华学校取东西。爸爸的表情很严肃，我还以为自己考砸了。结果到了学校，老师们见了我都冲我笑，说我考得不错，我这才知道自己考了601分，是自己读了高三以来拿到的最高分。其中，文综每科都上了70分，也是自己有史以来最高分；数学考了146分，想想自己考75分的时候，真是恍如隔世。这一成绩远远好过自己和家里人的想象，本来我爸爸之前还觉得，只要我能考上二本也去上，没想到我能考上一本。

回顾这一年，我深深地觉得，人与人之间的差别并不在于智商，根本还是在于努不努力。心里如果有一个目标或者梦想的话，那就不要盲目从众，踏踏实实去学习，学会对自己负责。感谢精华学校给了我一条通向梦想的大路，并且在帮我走通这条路之后，又帮我开启了一条新的路。

给学弟学妹的建议

从高中到大学，最深刻的体验就是自己心里面要有一个很崇高的东西，让自己觉得值得去付出、去奋斗。在这个过程中，肯定会有不同的声音，这些声音可能会来自父母，身边的好朋友；别让那些说你不行的声音困扰到自己，你要听的是自己的声音。你一定要告诉自己，你行的，你可以做到。假以时日，我们都能实现突破，做到更好的自己，一步一步实现自己的理想。

全日制班帮我按下了"快进键"

在精华学校全日制班里，不仅有复读学生，还有很多从普通高中转来的应届生。离开原学校进入培训机构，做这样的决定似乎并不容易，但每年仍然有应届生络绎不绝地转入精华，他们寻求的不仅是优良的师资，还有浓厚的学习氛围。

恺雯在原来的学校一直是尖子生，以至于连进步的心气儿都没有。高三她转入精华学校，跟周围的同学一比较，立即发现了自己的差距。从此，她告别了悠闲的日子，进入冲刺状态。那一年的经历让她明白，有明确目标，并为之努力的日子，才是最有意义、最值得怀念的时光。

采访者：李莉

讲述人：恺雯

高考时间：2014年

现就读高校：北京物资学院

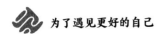

在三类校里我独孤求败

我高中时的学校教学质量在区里排名靠后，就是所谓的"三类校"。为了照顾大多数学生的水平，老师上课主要教些基础知识，考试出题也不难。我那时一直是年级第一，感觉学习一点压力都没有。眼看要升高三了，还丝毫都紧张不起来，每天晚上玩一会电脑，八九点就睡觉了。妈妈有点着急，她想让我进入高三冲刺状态，希望我高考能考个北京的二本（我们高中往届的毕业生基本都上三本）。但我在学校里没有竞争压力，想给自己拔高一下都觉得无从下手。

高二的暑假，妈妈决定让我去上校外培训班。她再三比较，选择了精华学校。对于转学，我开始是拒绝的，毕竟跟以前的高中同学感情很好。但妈妈跟我耐心地谈了话，我渐渐意识到，跟未来的前途相比，应该暂时放弃眼前熟悉而舒适的环境。

2013年8月，我进入精华学校全日制班。入学考试的时候，我的成绩是480分。以这样的分数，上二本是不够的。但精华的老师鼓励我说，还有一年时间，来得及，老师给我定的高考目标是"冲一保二"。

我的生活像按下了快进键

我上的是全日制小班，班里一共15个学生。课程一开始，我立刻就感到跟在原来的学校不一样了。精华学校的老师上课不像我以前的老师们那样泛泛地讲课本知识，而是重点讲每个知识点。我忽然觉得自己跟同学的差距很大，许多知识点同学们都懂，而我完全不会。当时一下就紧张起来了，下课抓着老师拼命问各种问题，完全顾不上尴尬。

当时我们全日制班的学习氛围非常好，大家都是一股劲地想努力学，有不懂的问题会一起研究，同学之间互相帮助讲题，甚至中午热饭的空隙，大家都会互相提问回答。住校的同学更是努力，往往宿舍熄灯之后还自己打开应急灯在楼道里复习。看到比我更强的同学比我还拼，我更加丝毫不敢懈怠了。

从8月开始，我的生活节奏像是按下了快进键，每一分钟都变得很宝贵。听完老师们讲的知识点，我发现以前学习中有很多漏洞，于是想方设法充实自己。每天早上6：00起床，7：00上课，晚上要上自习，回到家通常都12点多了，即使这样，仍然觉得时间不够用。2014年的春节，我大约只休息了两天，除了完成老师发给我们的"寒假作业大礼包"，我还自己给自己加码，多做了一些功课。我一点都不敢偷懒，总觉得自己跟同学们差距太大了。

紧张的学习一直持续到6月。高考前一周，老师说可以回家自由复习了。但是第二天，班上所有的同学不约而同地回到学校一起上

自习。谁都不想在家里待着，给自己放松的机会，大家都感觉还是学校里学习氛围好。

数学一年提高了50分

刚到精华学校的时候，我的数学成绩很差，150分的卷子，我只能考80多分。在全日制班学习的时候，教数学的老师自己挑选了很多有代表性的习题，编成练习册发给大家。我发现老师选的题目都很有针对性，几乎覆盖了所有知识点。于是我认真做练习，别人做半小时，我就做两小时，有不懂的题目我就问同学、问老师，尽量弄懂每个解题步骤。有时候数学老师给其他班级上课，我也去蹭听。老师不仅没嫌我烦，反而夸奖我努力认真。在老师的鼓励下，我对数学渐渐有了信心，做题也越来越顺手。最后高考的时候，我的数学考了130多分。

当年的历史课也让我印象深刻。历史老师的课堂笔记特别多，每次上课至少两黑板的板书。从总结考点、题型到答题方式、步骤，老师都讲得清清楚楚。当年的历史笔记我整整记了两个大活页本。那时最骄傲的事就是，历史老师上课，全班只有我的笔记抄得最快最全，一下课大家都来找我借笔记。老师总结的知识点特别全面。有了笔记，书都不用看了。现在想想，很后悔没把当时的笔记保留下来。

老师善于给我们打鸡血

精华学校还有一绝，就是特别会给学生"打鸡血"。全日制班每个班级都有班主任，班主任常常跟大家聊天，给我们讲了很多发生在精华的励志故事。比如有的同学立志要考清华，复读了两年，最终实现了心愿。有的同学已经考入大学了，但因为不喜欢所学的专业，又回到补习班重新学习，再次高考。其实，在我们身边就有这样的榜样，跟我同班的同学，就有在大学读了好几年，又重新回到复读班追梦的。这些故事总会让我信心满满，我总是鼓励自己：别人都可以，我为什么不行！

高三冲刺，学得很苦，容易产生疲倦和偷懒的想法。但精华学校每周一早上都给大家开个励志晨会，老师们自己精心剪辑一些小短片放给学生看。每次看完短片，我都觉得备受鼓舞，浑身上下有使不完的力气要去拼搏。我至今还记得一次晨会上老师给大家看了几幅漫画：一群人背着沉重的木头赶路，有人默默负重前行，而有人耍小聪明把木头截短，重量变轻了，自然跑得快了。但不久就遇到一条又宽又深的水沟，背着沉重木头的人用长长的木头搭成桥走了过去，而之前把木头截短的人，此时因为木料长度不够，只能坐在深沟边叹气。后来，每当我觉得累了，就会想起那组漫画，然后提醒自己，要坚持，不能截短自己的木头！

高考之前，老师悄悄让每个家长给自己的孩子写了一封信。考前的动员会上，老师把家长们的信发到学生手中。我收到的信是爸

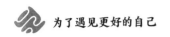

爸写的，爸爸平时很内向，不善于表达，在信里他希望我努力达成
自己的目标。虽然爸爸的信写得很平实，但却让我很感动。我尽管
嘴上没说什么，可是在心里默默督促自己，不要辜负家人的期望。

拼尽全力后没有遗憾

在老师们的帮助下，经过一年的努力，我的成绩逐步提高，一
模时考了510分，二模520分，三模530多分。高考前，在班主任的
建议下，我报考了物资学院商务英语专业。

高考一天天临近，想到这次考试可能决定今后的命运，我心里
有点紧张。高考前一天，老师们给大家开了个送别会，历史老师挨
个儿拥抱了每个学生，对我们说："放宽心去考！"这句话忽然让
我觉得踏实了不少。6月7日一大早赶到考点，远远地就看见了站在
考点门口的班主任，紧张的心情放松了很多。带着老师的祝福走进
考场，我的心情很快平静下来。

6月23日，本该是查询高考分数的日子，但我躲出去了，跑到香
港旅游。后来是班主任帮我查了分数，通知了我爸爸。爸爸特别开
心地给我打电话，告诉我高考成绩是550分，听到这个数字的时候，
我知道自己的第一志愿肯定能实现了。

现在，我已经是大三的学生了，目前正在准备雅思考试，目标
是出国读研，我很想去加拿大研究教育学。"商务英语"是个不错

的专业，很容易跟国际接轨，当初班主任建议的专业对我今后的发展很有益。

　　我至今仍然怀念在全日制班度过的那奋力拼搏的一年，当时虽然又苦又累，但心里有目标，全身都是劲儿，拼尽全力之后没有遗憾。

给学弟学妹的建议

　　1.关于学籍：应届生如果选择高三整年都在培训学校上课，最好把学籍转到培训学校。因为如果不转学籍，高三的体测、体检等事情都得回原学校办，既麻烦又浪费时间。培训学校全日制班会帮学生统一安排这些事务，连高考都有专门的带考老师负责在考点组织学生，跟在学校没有差别。

　　2.关于学习：学知识不能死记硬背，一定要找到适合自己的学习方法。比如我在精华学校就养成了整理笔记，随时总结的学习习惯。通过整理和总结，把所学的知识形成体系，在脑子里搭起知识框架，再遇到问题就会容易解决得多。

　　3.关于心态：要有信心、有决心。高三的经历让我明白了一个道理，只要有信心，朝着目标努力去做，就一定做得到。

选择"不一样"的高三之路

　　2015年，康雅超以高考总分587分，高出一本线近40分的成绩考取了首都师范大学教育技术系。这个颇有主见、为人热情的小姑娘，从入学起就担任了班里的团支书，大学生活过得有声有色。而这一切的"果"，却是因为她的一次"任性"选择。

　　与很多来精华学校复读的"高四"学生不同，康雅超是来精华学校读高三的。为此，她还"得罪"了高中母校，损失了"北京市三好学生"的荣誉。不过，她对自己的选择不后悔，她说精华学校带给了她一份更美好的高三记忆、一条更适合自己的求学路和一份令自己和家长都很满意的成绩单。

采访者：陈凯一

讲述人：康雅超

高考时间：2015年

现就读高校：首都师范大学

为选择精华舍弃了"市三好"

在精华学校，我是个少数派，因为我的同班同学大多是因为考试失利来读"高四"的，而我是高三自己决定来精华读书的。虽然我的学籍还在丰台首都师范大学附属丽泽中学，但高三一年的时间我却是在精华学校北大地校区的全日制小班度过的。说起来，这次"转学"还颇为曲折。

我中考的时候因为紧张肚子疼，发挥得不好，所以最终考上了一所市级示范校的分校。这所学校和校本部是无法相提并论的，算是一般水平的吧。本来父母想为我掏钱择校的，但我想想要这样的话，一方面要多花3万元的择校费，另一面，我又怕自己去了更好的学校，难以和学霸竞争，成绩上不去。我当时就想，"宁做鸡头，不当凤尾"，我还是选择在一所相对普通的中学安安静静做个老师疼爱、同学喜欢的优等生好了。

高一、高二的时候，我在班里一直是排名前十的学生。当时，我父母就让我用省下来的择校费去参加课外补课。所以，我从高一起就已经在精华学校上课外补习班了。我记得当时我补过化学、数学和语文，感觉都非常有帮助。这可能也为我后来去精华学校读高三在心里埋下了小小的种子吧。

其实，去精华学校读高三可以算是个比较"任性"的决定，这个想法就是一闪念产生的。我记得高三刚开学的时候，我还是按部就班地回学校上课，可是当时就觉得班级的氛围特别压抑。同学们

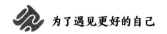

一下子都不苟言笑了，下课休息不出教室，午饭都是草草了事，都闷在教室里争分夺秒地学习。我是个喜欢在学习上和同学多多交流的人，可是那时候却难以找到"同好"，很多同学的竞争意识比较强，再加上高三固有的焦虑感猛增吧，就都不那么"友善"了。我突然觉得班级的氛围好压抑，觉得自己很孤独。

同时，在公办校的高三年级，一个班有40多个同学，老师即使全力以赴也难以照应周全。下课铃一响，想找老师去解答个问题都很难找到机会，老师要么有事匆匆离去，要么有一点儿空也会被很多同学团团围住，我也难以争得一席之地。想找个机会和老师多问问题目，多交流交流想法，似乎也很难。

面对这种情况，我对自己的高三感到有些担忧。因为当时已经有在精华学校学习的经历，所以就萌生了要去精华读高三的念头。好在我的父母是抱着中立的态度，尊重我的选择。他们觉得读书是我自己的事，自己最了解什么是适合自己的，所以他们让我慎重考虑并支持我的决定。

但是，我高中母校的老师其实还是很担心的，毕竟是校外的培训机构，可以对本校学生的成绩负责吗？考砸了可是要影响到学校升学率的。而且，老师平日里对我也很好，所以也觉得我这个决定有点"冲动而绝情，令人难以接受"。后来，还是精华学校的老师出面和校方反复沟通，才最终促成了这件事情。我也为此失去了本有可能得到的"北京市三好学生"的称号。

不过，我一直是个有自己想法的人，当时我几乎在一闪念间做出了这个决定，就没有再动摇过。因为从我在精华学校的补习经历来看，这里的教学方式和对知识点的总结方法，真的更适合我。毕竟，高三一年在我的人生中是非常重要并且独一无二的，我总该为自己选择一条最适合自己的道路，而不是一条和所有人都一样的路。

精华的"精华"是老师的精彩

在精华学校读高三的一年，虽然学业的压力不小，但生活却并不沉闷，这都源自于各科老师的才华和认真。正是他们让课堂变得不枯燥乏味，让我们在学习中充满斗志。他们真的是非常棒的老师，不仅在学业上给了我很大的帮助，也很有耐心地给予我很多"人生指南"。我毕业已经两年了，至今都还和他们保持着密切的微信联系，在大学遇到什么学习或者生活中的麻烦，也都愿意听听他们的意见。

先说说我的化学老师吧。我第一次来精华听试听课的时候，就是他给我上的化学课。其实，化学一直是我的优势学科，似乎并不太需要补课，自己也可以应付。但听完他的课，我完全被征服了，他的上课风格、他讲授的化学知识口诀、他个人的强大正能量，都让我为之赞叹不已。他就是那种认真起来特别认真，但偶尔幽默就让人捧腹不已的人。个人魅力十足，堪称男神。

　　我从第一次听了他的课以后，就一直上他的课，从高一高二补课，到高三全日制班授课，跟他学了三年的化学，自然也就和他熟识起来。我还记得当时有个"醛醛相乘"的有机方程题目，是我一直觉得不会考或者即使考我也不会的类型，但他"逼迫"我做了很多与此相关的题目，后来我也就慢慢掌握了。神奇的是，在高考中，这个并不常见的题目竟然真的考了。当我顺利写出答案的时候，我就在想"他真的这么神奇吗"。

　　化学老师在讲课的时候是特别认真的，但他也有很多技巧，会把各种化学反应类型或者配平方法编成口诀。但并不是让我们背完了事，而是要让我们配合大量的练习，直到把这个知识点掌握为止。

　　在课下，因为我和他的关系好，所以很多事情都要找他"讨个主意"。还记得我"二模"的时候，数学考砸了，当时心里特别失落。其实，数学一直以来都是我的薄弱项，我虽然已经努力了，但还是提高得不够多。我心里都觉得有点儿对不起我的数学老师，所以我就找化学老师讨教。他虽然不教数学，但毕竟经验丰富，一下子就讲到我虽然有错题本，但只是一错一做，并没有扩展相关知识点，并没有做到举一反三。他还教授了我一些他以前做数学题的小窍门、小方法，都很管用。

　　除了技巧，我觉得他对我的帮助还有心理上的，我那时候就觉得他是一个充满正能量同时又可以理解我的人。别人说我我可能会不服气，但他说我我就心悦诚服，在他面前也不会尴尬，只会觉得被批评也很痛快。他总是有办法让我很快就振奋起来，迎接接下来的学习，而不是自己想不通就此消沉下去。

再说说我"对不起"的数学老师。我的数学成绩其实一直都不理想，自己也不太感兴趣。但我也不得不说我的数学老师其实非常厉害，他真的让我见识到了很多题目，开阔了我的眼界。在高中的时候，我们上课只会接触到北京城区的考题。而在精华学校，老师可以就某一个类型的题目，让我们看到北京和很多外省市的题目。其实，外省市的题目会相对更难一些，同时在数学题目的设置上也喜欢加上一些背景的描述，这些都与后来2015年的高考出题方向不谋而合。所以，当我看到高考卷子的时候，我都有些似曾相识的感觉，答题才没有那么慌。

而我的语文老师则是个年轻的帅哥，他不仅学识渊博，而且凡事都有自己非常独到的见解。我还记得有一次，他自己写了一篇小故事，我不明其意，但很多同学都发现那里其实蕴藏着他对事件的看法，真是非常有才华的一个人。

他的课程是非常受欢迎的，我在高一高二补课的时候，他的课堂就经常会有70至80人的样子。他会根据考试的题目类型将大量知识统一串讲起来，同时讲授一些答题的技巧与应变的方法。比如，他会把议论文根据不同的类型总结归纳出写作的模板，但绝不是让我们以此为准，写出千篇一律的文章，而是让我们在此基础上自己扩展、学习，找到适合自己的风格和变化，在模板的基础上提升，从而写出好文章。

　　还必须要讲的是我神奇的物理老师，她是个思维活跃、语言明晰的"女超人"。她对物理题目的解答方式甚至可以用"炫酷"来形容，明明让人望而生畏的题目，她三下两下就拆解成了几个比较简单的题目，还原出题目的本质。而我开始只会用自己的笨方法去思考，根本跟不上她的思路。后来过了很长一段时间，我才慢慢跟上了，上她的课就像智力抢答比赛一样，我们都在比着跟上她的节奏，比着积极思考，比着抢答。所以，我物理的提高其实很快，这都有赖于她的"超人方法"。我觉得跟她学了一年，不只是物理，我整个人都变得聪明了。

　　我还要特别感谢我的班主任老师，她带我们班的时候应该是刚工作不久，是位非常年轻负责的姐姐。因为年纪差距不大，她也特别能理解我们，好多话我都愿意和她说。而她在备考的一年里也一直都陪在我们大家身边，一直到最后送我们到考场都是一路相伴。

　　我觉得正是有了他们这些老师在，我的高三才没有孤独过，我始终都觉得自己身后是有后盾的，是有依靠的，是有安慰的。直到现在，我遇到烦心的事情还会给我的班主任发微信，她就会劝我多读书，她有句名言"想要发脾气的时候，就知道自己读书少了"。所以，她时常会推荐给我一些好书看。

走进高考考场我没有肚子疼

我是一个面临大考特别容易紧张的人，中考的时候由于太紧张就肚子疼。而2015年高考前，我有一种一切都准备就绪的感觉，心里竟然一点儿都没有慌张。老师也带队去考试，感觉真是和平时的模拟测试一样。由于心态平和，最后发挥也算稳定，没有肚子疼，没有重大的失误，成绩自己也还算满意。

我还记得当时考前我特别希望高考结束后，要多睡几个懒觉。但其实考试结束后，每天都是在早上6点半左右准时醒来，然后心里就一阵空虚和失落，竟然非常怀念高三那种忙碌和充实的生活。后来，我在去泰国旅游期间，得知了自己的高考分数，觉得马上就要开启大学的生活，还是很开心而期待的。

回首这一年的时光，我特别感谢精华各位老师的帮助，也特别感谢自己做出的任性决定。我不敢说，我的这种经历具有普遍的适用性，但至少对我而言，精华的小班全日制学习让我感受到了更好的学习氛围，掌握了更好的学习方法，也有了更多与老师、同学相互沟通与交流的机会。这样的高三是我想要的，它让我不再孤单和迷茫。

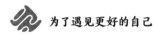

给学弟学妹的建议

1.理科学习上要分类做题，只有把所有类型的题目全覆盖地做一遍，面对高考才会心中不慌。

2.语文的学习功夫在课内也在课外，课外的大量阅读有利于锻炼自己独到的见解。要多读好书、好故事，多看新闻、时政评论，要多练习写文章。

3.在高三"一模"以后，一定要咬牙坚持住，在冲刺阶段不能放松，"无限风光在险峰"，一定要在最后关头再加把劲儿，让自己上考场的时候能更有底气。

调整好心态第二年圆梦北大

2013年，李丹阳第一次参加高考，分数为652分，没考上第一志愿北京大学。想到高三的万般辛苦，她曾经赌气地想不如去第二志愿院校吧，最终在班主任的劝导下自己想通了，决定复读。在精华学校文科精粹班补习一年后，她在2014年高考中取得669分，比第一次提高17分，如愿进入北大读书。

采访者：任洁

讲述人：李丹阳

高考时间：2013年、2014年

现就读高校：北京大学历史系

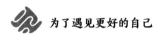

2分之差与北大失之交臂

我平时的成绩在海淀区能排到前五六十名，按说考上北大是手拿把攥的事，没想到在2013年的高考中居然发挥失常，离北大录取线仅仅差了2分。望着手机，我如坠冰窟，大脑里一片空白，所有思绪都在听到分数的一瞬间被斩断了。

怎么会考砸了呢？我仔细地一遍遍回想考试时的情景，忆起数学科目在做完检查时发现了一个明显错误，本打算赶紧修改过来，考试结束铃却在这时响起来，监考老师开始收卷。我就坐在前排，眼看监考老师离自己只差几米，如果再动笔将面临极大风险，只能看着那个错误来不及改正就被收走，心情一下子跌到了谷底。

其实只是一个小错误，但坏心情却影响到我下面考试的发挥。本来文综是我的强项，却受到数学错误的影响，越想考好却越急躁，实力没有发挥出来，最终总成绩比平时低了不少。考试结果出来后，在整个7月里，我都很难过，一遍遍埋怨自己，对未来懒得再规划，甚至想就这么算了吧，认命了，就去第二志愿院校吧。

之所以这样黯然，是我的求学生涯一直顺风顺水，没受过什么大挫折。父母是普通职员，一直很重视对我的教育；姥姥全家都是中学教师，鼓励孩子多读书。我很早就学会认字，小学阶段没有不认识的字，在班上一直排前几名。高中三年，我上课从不走神，从高一起就做了一本又一本笔记。

不甘高分落榜，走上复读道路

复读重新参加高考？我最初坚决说"NO"，原因很简单：这么多年的努力，换来的不是水到渠成，而是2分之差。我受够了政治大题和语文作文，觉得自己已经没有更多的热情可以付出。父母看出我的消沉，没有逼我选择，不敢多说什么，而是悄悄找到我的班主任求助，商量着怎样让这个有实力的孩子心甘情愿地复读去。

7月初，班主任曾经找我谈心，告诉我："我不怕别的，就怕你在一个平庸的环境里逐渐习惯平庸，你一定要自己心怀不平。"我当时没有表态，但这句话在心中埋下了不甘的种子。到了8月的返校日，班主任再一次跟我沟通，提起一位曾在精华学校复读的学姐，说："你的学姐当年去复读了，现在接受的是北大的教育，导师、同学和朋友都是北大的。"也许是头脑逐渐冷静下来，理智回归，也许是班主任的话终于打动了我，我突然如醍醐灌顶：几年后进入社会，别人说"我是北大的"，我能说什么呢？难道说"我当年差两分就进了北大，差两分就能接受中国最好的教育了"？

不甘心高分落榜，我终于改变原先的打算，选择复读，前后不过十分钟。落榜以来都没有掉过的眼泪，却在决定复读的时候突然间忍不住了，哗哗而落。我这一刻才知道，一直以来劝自己的"不上北大也没什么""四年后杀进更好的学校"等话语都是骗人的，心中的不服、不平、不甘一直在表面的平静之下翻涌。

做出复读的决定是那么难，然而一旦决定了，再难也顾不上，

也不会回头。我第一次知道原来自己是有梦想的，梦想不是为了给人看，而是为了实现才存在的。

曾经很多个夜晚累得黯然神伤

精华学校负责招生工作的老师认识我的班主任，得知我决定复读后，班主任告知了招生老师的联系方式。我和对方见了一面，了解到细节后，当天就交了钱，进入文科精粹班补习。

文科精粹班实行全封闭式管理，每天作息同高中一样，晚上有晚自习，周末可以休息。我所在的班有40名同学，全部在一本线以上，目标北大清华的就有七八个，高考在600分左右的也有很多。

我进班时分数是全班第一，但整个复读过程中的模拟考试却没拿过第一，直到最终的高考才又获得头名，可见班上竞争之激烈。我们这一档的同学其实水平都差不多，就看谁发挥得好，谁得第一都很正常。

复读的日子很苦，越努力就越苦，高中三年的努力程度跟复读时期完全不能比。刚开始的一段时间，有许多个晚上我躺在床上，想着明天一睁眼，又要重复今天的辛苦，这样的日子什么时候才是个头，不禁黯然神伤。我恨不得时光倒流，让自己回到2013年的考场上，随便改对一道两分的题，就不用再受这样的罪。第二天一觉醒来，再抛去所有的胡思乱想，咬牙坚持。

我做事很有计划，习惯提前把周期目标制定出来，有时写着写着，会对没有尽头的任务感到绝望，但看着一个个标志着完成的红线，又觉得正在为梦想奋斗的自己简直不能更伟大。矛盾的心态持续了一阵子，考砸了，会怀疑自己的实力，倍感惶恐；考好了，又怀疑卷子太简单，考不出问题来，继续惶恐。最倒霉的时候，过敏、感冒、肩周炎同时降临，硬撑到下晚自习的时候，我忍不住被自己感动了。

精华师友助我调整到最佳状态

在不断纠结的过程中，是精华学校的老师和同学给了我不少助力。许多只有复读生才能体会到的心得，许多只有复读生才会发现的问题，在他们的陪伴、帮助下——得到解决、改善。

我的数学成绩一般在130多分，虽然很高，但最后一道十余分的大题基本没做出来过。是数学老师教给大家解题思路，甚至运用大学的一些思维，比如极限、做实验等方法来解题。他很会总结类型，把每种类型都归纳出代表题型，只要全会做就能完全理解。在他的引导下，我逐渐掌握窍门，在第二次高考中做出了最后一道题，只因解题步骤有瑕疵被扣掉1分，数学拿到149分，比2013年高了10来分，让我非常惊喜。

地理老师告诉全班同学，答题时要设想自己是秘书在向老板汇

报，一定要一环一环回答清楚，思维不能跳跃，而这正是我之前存在的一个问题。想明白了答题过程，知道自己为什么这样做，上考场后才不再慌张。地理科目每天安排做11道选择题，与高考文综题量一致，让学生充分适应答题时间和节奏。老师还送给我两句话，让我受益匪浅："你都不会，还指望别人会吗？""不要和满分比，要和其他人比。"我笑了，"是啊，我紧张，别人会更紧张，紧张是正常的。"

历史老师非常注重历史方法，强调史料，推崇实证主义，我选历史系有部分原因就是受了他的影响。在他的培训下，我学会把解题习惯清晰化，尝试用自己的语言复述知识点。老师发现我把笔记整理得很全，用框架搭出线索，在肯定之余，进一步要求我从其他角度进行总结，以便真正吃透知识点。

精华的习题都是老师自编的，由于习题要面对全体学生，对精粹班来说显得有点不够用，老师会专门给我们班编难题。对于精粹班，学校给予了很高的自由度，很多事情上都不掺和，不会布置太多内容，支持我们保持自己的学习步调，这让我感到很舒服。

我与同学，尤其是同一寝室的舍友们相处融洽，并肩奋斗让我逐渐找到归属感，不再那么疲惫。而且精华有一种奇异的凝聚力，刚毕业、毕业两年甚至三四年的学长学姐会不断回来，给予我们支持和帮助，宛如黑夜的路上有无数火把在需要的时候出现。

控制好心情平稳应对冲刺时光

2014年来临，我在几次大考中的表现都和2013年的轨迹相似，第二次参加自主招生考试，居然又考砸了，难道历史又一次重演？我知道自己最大的问题就是心理，于是一次次告诫自己只是不擅长这种试题，逐渐控制住心情，平稳地应对最后的冲刺时光。

考前一晚，我在酒店住下，虽然我睡觉还有点认床，但不到12点就睡着了。自己是很爱睡觉的人，一天到晚都犯困，考试时就靠咖啡来提神。了解自己有这种习惯，我就没有因失眠而过度担忧，还告诉自己适当的紧张有利于做题。高考数学时答题顺利，出了考场，我第一次明确意识到，这次肯定能考好了。

考分出来后，我很快得知自己排在全市四十几名，没过几天就接到了北大招生组的电话，去学校签了录取确认书。梦想就这样实现了，所有的辛苦付出都有了回报。

回首过去，抛开"高考""大学"这些明确的结果，复读确实会让人变得更加强大一点。因为有了第一年做对比，复读的过程中我能清晰地感受到自己的变化：比第一年更坐得住，更沉静，更能钻研。这些感受让我逐渐开始相信自己的手确实有握住当下的力量，相信自己还有潜能，相信自己确实拥有为了未来而战斗的力量。

在认命之前，如果没有尝试反抗，是对自己的辜负。如果做不到，要么想尽办法去做到，要么放弃，别再呻吟。另外，人都是脆弱的，不必因为其他人淡定的表现，而对现在的自己感到惶恐不安。事先惶恐是正常的，事情做起来就不再惶恐了。

最后想与大家分享的是，如果你没有什么特殊天赋的话，能够真正做到努力，也是一种才能。如果没办法走到"很好"，能够走到"还不坏"的境地，也是一个不错的结果。

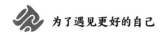 **给学弟学妹的建议**

1.关于专业：文史哲专业听起来非常"诗意和远方"，但想成材会很困难。比如历史学者可能到40岁才是学术的开始，如果报考这类专业要有长期"坐冷板凳"的心理准备。如果你不想走学术道路，也不爱多思考，或者有一定的找工作的压力，就不要填报相对冷门的专业，不如选有利于就业的。想了解哪个专业好，与其问大学里的学长，不如问相关行业里的人，他们更加了解真实情况，而师兄师姐大多在烦成绩和就业，问了也没太大用。

2.关于大学：要选好大学，哪怕专业差一点都没关系，因为好大学资源更多、平台更高。如果将来想出国，就要关注这所高校在国外的认可度。如果已选定专业，就要看这个专业办得最好的院校。此外，行业内校友的力量也是一大考虑因素。

3.关于高考复习：按部就班，执行好学习计划，按照最终的目标努力，考成什么样再说。永远不要在没尝试之前就对自己说不，因为我们永远不知道自己的极限在哪儿。

4.关于考试：把自己放到习惯状态中，不用为达不到完美状态而纠结。如果想让自己的状态更佳，最好从高三开始调整。第一次模拟考试时就要知道自己的考试节奏、做题用时，这部分一旦超时，可以从其他哪个部分弥补，控制好应答时间。

高考的从容是怎样炼成的

2015年，高考文科总成绩473分；2016年，高考文科总成绩627分。在精华学校近一年的全日制学习，不仅让李东霖的成绩提高了150多分，如愿考取了首都经贸大学，有机会参加"双培计划"，到对外经贸大学学习投资专业，同时也让他对自己的人生规划和未来选择有了更多思考。

面对高考，他分享的经验是"心态平和、从容面对"，而他坦言这份"从容"的背后需要的是实实在在的努力和对基础知识点的全面掌握。

采访者：陈凯一
讲述人：李东霖
高考时间：2015年、2016年
现就读高校：首都经济贸易大学

霹雳：文综未涂机读卡

2015年的高考对我来说是个有点痛苦的回忆，现在想起来都还会有点儿心悸。那一场是考文综，由于平时学得也不够扎实，所以从拿到考卷开始我就心存紧张，浏览了一下题目，感觉不简单，就更着急了。刚开始的几道题，我感觉自己握笔的手都是抖的，答了好几道题才慢慢平复下来。

由于太着急写后面的大题，生怕做不完，我在做完前面的选择题后就没有立即填涂机读卡，想着等试卷都完成了再来涂。结果，后面的题目做得不太顺利，当交卷铃声响起的时候，我才画上最后一个句号，已经根本没有时间去涂机读卡了。那一瞬间，我的心完全是慌的，我看着老师收走试卷，自己不知所措，只能听到砰砰的心跳声。既着急又无奈，我知道一切都已经没办法挽回了，监考老师绝不可能给我哪怕一分钟来填涂机读卡，整整140分就这样一分不剩地白白扔掉了。如果当时我能提前5分钟看看表，去把做好的选择题用2B铅笔涂在机读卡上，我最后的高考成绩也不至于那么"惨不忍睹"。

文综考完以后，我就知道自己注定要有"高四"的生活了，所以最后一门的英语考试反而考得很轻松，成绩也有136分，还算不错。我2015年的高考成绩是473分，恐怕连三本都够呛，不过即使加上由于失误损失掉的客观题分数，估计总成绩也就在570到580分，可能也进不了我理想中的大学。这样想来，这一年的复读对我

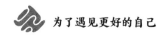

的人生来说意义还是蛮大的。

高中的时候，我就读于东城区22中学，在班里的成绩属于中等偏上。和很多中等生一样，我的学习状态相对被动，属于老师让我干什么我就干什么，自己的想法不多。高三一年，现在想来还是有点儿浑浑噩噩的，每天都在学习，但是具体到每个知识点，是不是掌握扎实，连我自己心里也不大清楚，属于那种"感觉自己会，但一考就不太会"的状态。

高考前，虽然家人一直都在说，"高考只要发挥出自己真实的水平就行，不用有太大压力"，但我自己还是非常紧张，因为我心里没有自信，很多东西我还是摸不着头脑，我怕自己考出的"真实水平"是连自己也无法承受的成绩。结果，文综的巨大失误让我没了任何侥幸的可能，我只有踏踏实实地重新来过了。

沉闷：一个暑假我都没出门

高考前，同学们在学习之余讨论最多的就是暑假计划了，想着去哪儿旅行，去哪儿聚会，毕竟是完成人生的首次大考嘛。但是，面对自己的高考成绩，我哪里还有丝毫的兴致呢。同学们知道以后，也很替我惋惜、遗憾，但也不便对我多说什么，毕竟自己的坎儿还得自己过。

高考后的夏天是很长的，有近3个月。虽然已经接受了事实，父母也没有苛责于我，但整个暑假我都是有些混沌的，什么都不愿意做，什么都不乐意想，每天除了吃饭、睡觉，最多的时候就是在发呆。除了父母强拉着我去散散步，我几乎没有出过门。

后来，我强迫自己调整，开始和家人商量接下来一年的选择。当时，好像北京市出台了一个政策，不允许公立高中再接收复读的学生了，所以我也一度认定只有靠自己在家自学了。但父母不同意，觉得那样无论从学习效果还是心态调整上都没有帮助。我们又先后咨询了新东方等培训学校，觉得都不合适。最后，妈妈的同事推荐了精华学校。经过咨询，我了解到这所学校的老师很优秀，教学也是全日制封闭式管理，这样才总算是安心了。

8月底入学前，精华会有一次模拟考试，这让我在暑假的尾声有了点儿事情做，我开始调整自己重新投入到学习中，整个人的精神也慢慢好起来。我开始有信心迎接接下来一年的学习和生活。

转机：精华学校给了我选择的自由

最初，父母为我选择的是精华学校的全封闭校区，觉得军事化的管理会对我的自觉性形成有效的监督。但我去了一段时间，觉得那里不太适合我。因为以高考成绩划分班级，我的同学都是高考三本线左右的水平，而我虽然成绩也是如此，但确实有失误的因素。所以，每天的学习让我很纠结，也很焦躁。后来，老师发现了这个

问题，就同意我转去花园桥校区学习。

在精华学校，复读班是按照成绩来分班的，让成绩相似、学习程度相当的学生在一起会更有利于老师的辅导和讲解。对于基础比较薄弱的学生，老师需要细抠知识点，最基础知识的掌握对于学习来说必不可少。而对于基础较好的学生，老师则会给出相应难度的题目，用复杂的题目来提升现有的水平。

转入花园桥校区文一班以后，我和同学们的水平差不多，学习的干劲儿就更足了，开始形成积极的竞争互动关系。值得一提的是，我们班的学习氛围非常好，我可以从同学的眼睛里看到那种专注与认真。有时候下课了，还有同学在教室里学习，舍不得"浪费"一点儿时间。我觉得复读让我更清楚地了解到，学习是为了自己，是自己的事，是不可多得的机会。可能由于高考的失利让我们反思很多吧，我觉得我和同学们的学习状态和劲头都非常好，丝毫没有懈怠。

杀手锏：模考、知识点、考试技巧

在精华学校，每一个学科的任课老师都自成系统，都有一套颇为实用的教学经验。以我的体会，最厉害的莫过于三招：大大小小的模拟考试、知识点的详尽梳理和考试技巧的总结。

我在精华学校学习的8个月时间里，经历的大大小小的考试差不多是高三时期的一倍，小到周考、月考，大到各城区的"一模""二模"考，每一个阶段的学习都得到了检验，对于任何的不足都可以及时进行弥补。在高三的时候，我们除了有东城的模拟考，老师也只是再推荐学生看看海淀的模拟题。而这里完全不是这样，各区的模拟题都会做，海淀的模拟题会正式组织考试，西城的模拟考也会正式考一遍。其实，考试很有利于学习，它会让人紧张起来，有实战的感受，和高考更接近。如果只是留作业，效果恐怕远不如考试留下的记忆深刻。我们做很多测试卷子，差不多是高三那年的1.5倍，而每一份卷子都是老师精心选择的。虽然有同学仍嫌不足要自己找更多试题来做，但从我的经验看，老师给找来的题目就足够了，关键是要娴熟于心。

在高三的模考中，我有过看不明白题目就胡乱瞎答的经历，究其原因还是自己的知识点掌握不足，有时候甚至分不清楚题目究竟要考的是什么内容，所以答题效果自然不好。而精华学校的老师，会把知识点从厚厚的书本中总结出来，进行有效的梳理，让我加强记忆，补足知识欠缺。

同时，老师还会根据每位同学的情况来留一些题目。比如我的数学成绩还不错，数学老师就会给我安排一些难一点儿的题目，并在课后让我随时找他讲解，而在课堂上如果他讲授的是很基础的内容，我觉得自己掌握了就会开小差做练习题，他也会很信任我，不会苛责于我。

最后，是考试技巧，虽然高考的题目从来是变化莫测的，但

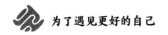

是有经验的老师们也自能总结出一套应试技巧。比如在文综的答题中，有明确的知识点考量，所以答题是有套路的，知识点全面、逻辑清晰有层次就很重要。这些内容，老师都会反复对我们加以训练，做到不失分。

惊喜：高考考题似曾相识

经过近一年的复读，在2016年高考前，我的心态要比前一年踏实、淡定很多，虽然也担心会重蹈覆辙，但另一方面因为准备比较充分，模拟考试的成绩也还不错，所以考前还算是信心满满。我觉得只有在基础知识储备充足的情况下，面对考试才能真正不慌张，才能给自己吃下定心丸。

在高考语文的考试中，我看了题目，心中有一丝窃喜，有好几道题目都是似曾相识的，当时答起题来觉得得心应手。在文综考试的时候，我吸取了教训，自然不会忘了填涂机读卡。但最重要的是，我找到了适合自己的考试节奏，感觉题目回答得很舒服。一门门考下来，真的感觉越来越好。

高考后，我和父母一起估分，觉得这次应该会上600分，如果是这样，应该是个擦着分数线上首都经贸大学的分数。结果成绩公布，我考了627分，家人和我都非常开心。这样一来，我就可以选择自己梦寐以求的首都经贸大学的"双培计划"，学习投资专业。我的这个专业，会先在对外经贸大学进行3年的学习，最后1年再回到首都经贸大学学习。对外经贸大学是北京乃至全国屈指可数的名牌院校，特别是我选择的金融投资专业是非常棒的。我现在和外经贸的同学们一起上课，见识了全国各地的学霸，在感到压力的同时也觉得特别有动力。

　　2016年高考后，我和父母总算是把一年来紧绷的心放松下来。暑假里，由于家人都忙于工作，我自己去了上海、西安旅行，也算是给自己的小小奖励。现在回头看看，在精华老师和同学的指导和陪伴下，我的复读生活过得还是很顺利开心的。这一年的收获也特别多，除了成绩外，我学会了更高效的学习方法和技巧。这一点在大学里也特别受益，因为我的专业是投资，数学是非常重要的，难度也比高中要高很多，但现在我并不感到那么吃力，就是因为我觉得自己有办法战胜它。最重要的是，这一年让我懂得了目标与努力的关系，学会自己思考，自己调整心态，自己面对挫折以及对自己的人生负责，我觉得这会让我在未来的日子里活出我想要的样子。

 **给学弟学妹的建议**

1.心态：高考最重要的是心态，备考阶段不要焦躁、紧张，心情会影响模拟考试的发挥，而成绩的波动又会影响心态，所以高三要尽量保持情绪的镇定平和。高考过程中一定不要慌乱，要从容应对，调整考试节奏。无论题目难易，都要保持一颗平常心。

2.知识点：以文科来看，在复习中基础知识点掌握扎实最为重要，不要急于去多做题、做难题，一定要不断巩固和完善自己的基础知识，总结答题技巧。对于出过错的题目要反复思考，提高答题质量要比单纯的题海战术管用得多。

3.答题：面对题目，不要急于下笔，匆忙作答。要静下来思考，题目考核的知识点是什么，如何回答。组织语言要有逻辑性，想清楚以后再有效率地回答，而不是一味"胡乱写满"。

一年复读找回"快乐的自己"

　　2015年，李慕聪以3分之差与自己心仪的学校、热门的专业失之交臂，怀着考试失利的惆怅来到精华学校复读。2016年，以高分进入清华大学生命科学学院协和临床八年制的她，回首这一年的复读时光，感觉最多的是快乐。一年的复读，不仅重圆她的名校梦想，也让她对自我有了新的发现，收获了与众不同的成长。

采访者： 牛伟坤

讲述人： 李慕聪

高考时间： 2015年、2016年

现就读高校： 清华大学

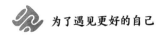

高考改革让自己当了"小白鼠"

我2015年高考时，遇到了北京第一年考后大平行志愿。其实，我觉得自己志愿填报得倒是没多大问题，就是运气不大好，因为是第一年的改革，各个学校的分都非常高。我第一志愿报了北师大，录取分数线是675；第二志愿是北航，录取分数线是673；第三志愿是北理工。那一年我考了672分，被录取到了北理工的徐特立英才班。虽然听上去也还不错，但是与自己的预期确实差得有点儿大。说实话，如果当时哪怕被录到了北航，我可能也不会选择再复读一年，但是恰好就差了那么一分。

录取结果出来以后，对复读这件事情，我自己是比较坚定的。但是爸爸妈妈有一点犹豫，我也知道，他们的犹豫不是不支持复读，而是担心第二年如果没有一个更好的结果，我会后悔。

就这样，直到8月才做出最终的决定。我之所以坚定复读的决心有几个原因：首先是高中的老师比较支持，因为之前的学姐在精华学校有过成功的先例，所以让我觉得很有希望。另外，在精华学校的一场咨询会上，我遇到了后来复读班的同学，她当年考了681分，被录到了北航，跟我情况挺相似，也在犹豫。当时我就觉得精华是一个能把优秀的学生聚在一起的地方，后来我俩就一起选择了复读。

正式复读之前，到精华学校的花园桥校区参观了一次。一眼看上去，就觉得特别有学校的氛围，二楼教室，三楼宿舍，像高中一样。我还记得，当时教学楼的两侧贴了红榜，心里觉得好羡慕呀，很期待自己也能成为其中的一员。

从落寞不安到突然爆发

2015年的暑假过得非常糟糕，在家里不知道该干什么，每天都很纠结：一方面为自己的出路惶惶不安，另一方面还要忍受高中同学在微信群里的各种报喜。这种落寞的心情在刚进精华学校的时候也有延续，总觉得之前的高中同学都已经上大学了，而自己还在复读，心里的落差很大。

这样的心态在一定程度上也影响到了自己的成绩。一开始，自己的成绩很不好，物理尤其差，总是犯一些很愚蠢的错误。班里一共二十几个人，我的物理成绩总是倒数。考到最后连自己都开始害怕了，对考试也产生了阴影。但是，老师们一直在鼓励我，每次考完试，都会有"学情分析"。物理老师也会叫我去谈话，带我逐题分析为什么错了。在交流的过程中，老师就能判断出问题是否严重，帮我发现哪些错误是可以避免的，以及如何避免。这样一来，我得到的就不仅仅是安慰，还看到了一条出路。

2016年1月的期末考试，我突然爆发了，那次考试在班里考了第一，在海淀区考了四五十名。老师把我叫了过去，一下子说了好多鼓励的话，我好像突然就感觉不怵了。之前一直在一科上犯错

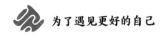

误，就算自己没问题，但也总觉得有问题。期末考试这个转机，让我之前的信心又回来了。

其实来到精华学校，每天接触的都是跟你有一样经历的人，大多数人都会很快走出高考失利的阴影，因为你知道自己该为什么而努力。

"大神"学霸让我受益匪浅

来到精华学校，我觉得特别庆幸和感恩的是，它能把这么多想复读的优秀学生召集到一个班。有人觉得自己在家学一年，可能考得也很好。但是我觉得环境对人的影响还是挺大的，自己一个人在家可能就不会有这么多与学霸们交流的机会。

我们班当时有很多"大神"，在这些"大神"身上，我不仅能看到自己的不足，还能通过他们的分享弥补自己的不足。比如说，有一个被大家尊称为"张教授"的同学，英语特别好，作文基本上每次都会上范文。在他的作文中，我能看到自己从来没有看过的东西，包括本土化的表达、高级的词汇等。

再比如，我的室友是一个理科特别好的女生，好到都像是一种天赋。但是她语文不太好，第一年高考的时候语文才考了110多分。为了将成绩补上去，在下半学期的时候她开始非常努力地写作文，几乎每两天就能写出一篇。我真的惊呆了，一个人怎么可以这么高产！我切实感受到了什么叫做"比你优秀的人还比你更努力"。当然努力的效果也很明显，第二年高考她语文就考了128分。

在一个优秀的团体中，大家各显神通，对于知识和技巧也不会藏着掖着。这不仅让我在知识上有进步，而且还交到了一群很好的朋友。

复读经历让大学学习受益

来到精华学校以后，给我最深的一个感受就是，由于老师们都有多年带高三的经验，所以复习思路特别清晰，特别有系统性。其中，英语和语文两门课给我的感受尤为深刻。

比如，我们每周三、周五有两次英语课。在没有考试的时候，每周英语练习的内容非常明确：周三上午一二节练习新概念听力，之后两节讲语法；周五讲写作。而之前在学校的时候，老师让干什么就干什么，没法做到心里有数。

另外，英语老师从一开始就提醒我们多做拓展的练习，比如四六级的阅读，这可能是一般高中老师都不会要求的。其实，四六级阅读与高考英语阅读的技巧不太一样，但是文章难度不亚于高考。这样一来，就会给我们的阅读心态带来很好的训练，你读过更难的以后，在考场上遇到科技文里面的生僻词汇就不会发怵；在阅读速度上肯定也有提高。这样的训练还有一个好处，高考完进入大

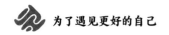

学以后，会面临英语的分班考试，考试的模式跟四六级非常相似，我们面临这样的考试就会非常轻松，对四六级考试也会很有帮助。比如，我大一的课特别多，根本没有时间专门去准备四级考试，但是因为之前有过四级阅读的经历，没怎么复习就一次性高分考过。

精华学校的英语老师还特别强调积累。在前半学期不太紧张的时候，老师会让我们在阅读中划出一些单词和句型，坚持每天摘抄；并且还让同学们把自己摘抄的句子分享给大家。这种分享的过程对写作是非常有帮助的。相反，如果平时看得不够多，写作时就容易出现中国式英语。

语文老师未卜先知押中考题

语文方面，老师对考试趋势的把握特别有先见之明。

在大家都还以议论文为主进行作文训练时，我们语文老师已经带我们写起了小说，不仅让我们写小说，还带我们一遍一遍地改，改完印成作品集供大家一起欣赏。一开始大家都觉得很诧异，北京高考语文怎么可能考大家写小说呢？结果，到了一模，海淀区的作文题目就是从六个字中选两个字写一篇文章。虽然要求文体不限，但是如果运用了老师讲过的小说写作模式，在文体上就会非常占优势，非常吸引老师的眼球，也会比较容易拿到高分。到了二模，就可以发现各个区的语文作文考题中，至少有一个是可以用记叙文的文体去写的。最神的是到了高考，果然就出现了记叙文的考查。

老师的初衷应该是力求多覆盖，带我们多多接触不同的文体，引导我们发现自己所擅长的文体。我觉得，写议论文要有论据的支持，还要想办法做到跟别人有不一样的论点，这两点会很耗时。就我而言，考试答题特别慢，做到这两点就会比较吃力。与之相比，记叙文是更讲究技巧性的，比如说前后照应、精妙的比喻等，这样技巧性的东西更容易在我脑子中蹦出来。所以，我的经验是，如果语言驾驭能力比较好的同学，可以尝试写记叙文。因为记叙文至少不会跟别人有雷同的构思，让阅卷老师觉得这个东西我已经看过了。当然，如果你有一个好的论点、知识储备很大的话，议论文还是一个很好的选择。

超纲知识让答题如鱼得水

我之前理综不是特别好，尤其是生物，总是没法在脑子中建立一个完整的体系。到了精华以后，拿到老师的讲义，真的有种茅塞顿开的感觉。讲义的形式是"知识点加习题"，其中习题是全国所有地区的相关练习，这样的梳理极大地帮助了我进行更好的记忆和理解。

精华学校的老师也注重在课上讲一些拓展的知识，比如一些前沿的理论、书本结论之外的假说等。这些拓展的知识一般会出现在

命题的题干中。对于我们学生而言，如果之前对这个知识有一定了解的话，再看到这些题目就会非常踏实和熟悉。另外，渗透了整整一年的所谓超纲的知识，对我大一上《普通生物学》的学习甚至都非常有帮助。

我第一年理综考得特别糟糕，虽然题目很简单，但是因为题型比较新，自己没能适应，导致考场上非常紧张。经过一年训练之后，我就不仅仅是一个做题人了，而是学会了分析："如果你是出题人，你会怎么想，怎么去出这张卷子？"这样的换位思考，让自己答起题来特别得心应手。

一年复读生活，发现全新的自己

如果用四个字来概括我这一年的复读时光，那就是"非常快乐"。去年高考前的某一天，自己突然就想明白了，这种快乐与自己最后考上了什么大学没有关系，无论最终成绩跟去年一样，还是不如去年，自己都可以接受，因为尝试了就没有什么可后悔的。这一年的经历本身对我很重要、很充实，让我觉得非常开心。

在精华这一年为什么很快乐？每天学到的虽然是同样的东西，但是可以有新的发现，不断激发自己的创造力。就以语文作文为例，来到精华以后，我敢去写自己从来没有写过的东西，去尝试自己以前没有试过的方法和老师指点的新思路。相比过去的中规中矩，精华为我提供了更多的可能，挖掘、发现自己的优势。再比如，通过从数学题中不断发现、总结内在的规律，我突然发现我居然也会做最后一道题了。

能感受到自己的成长，是一件非常让人欣慰的事情。更何况还能交到非常好的朋友、与这么棒的老师相遇，我感到很庆幸。

给学弟学妹的建议

人生的路很长，关键只有几步。面对高考，要抓住机会，也要放松心态，即使一次没有搏上去，未来总还有机会。请相信自己，一定能在高考中发挥出最好的水平。

压力变动力，一年变身清华人

2013年，东城考生李宛译首次参加高考，没考上第一志愿北京大学法学院，被第二志愿录取。她认为自己还有提升的空间，就没有前往那所外地院校报到，而是选择复读。经过一年的努力，第二年她的高考成绩提高了27分，顺利考入清华日语系，大一暑假后转入法学院，终于圆了最初的梦想。

在复读的一年里，她学会应对压力，学会不断反思，成功也就水到渠成了。

采访者： 任洁

讲述人： 李宛译

高考时间： 2013年、2014年

现就读高校： 清华大学法学院

外界对我期望很高，压力很大

2013年，我首次参加高考，取得642分，没有考上北大法学院，而是被大连一所院校录取。虽然报的是第二志愿，但我对这所学校并不熟悉，对所报专业也没有丝毫兴趣。考虑到平台、地域等因素，在咨询了老师、长辈和朋友后，出分后一星期我就决定复读，继续冲击第一志愿。

其实，一路走来，我的求学之路不算非常顺畅。父母对我的要求一直很严格，期望值很高。为了获得更好的学习资源，他们把在朝阳上小学五年级的我转学到东城。每天往返于学校和家之间，通勤时间长，还是一个人来回，辛苦程度自不必说。中考时，成绩不错的我没考上四中、师大二附中等顶尖高中，心里一度很失落。

进入东城区一所示范校后，因为在班上成绩突出，老师很看好我，父母也笑言"你们文科班如果只有一人考上清华北大，就应该是你"。不料高考发挥失常，我又一次与第一志愿擦肩而过。外界的，自身的，我承受的压力可想而知。

我不是一个轻易服输的人。回想起来，高考时我的心态没有摆正，复习方法掌握不当，到了后期还有些盲目，不知道该看哪些内容。既然决定复读，就一定要做出成效来。父母支持我的决定，说"复读的结果再差也不会比现在更糟"，这句鼓励的话给我增添了莫大的自信。

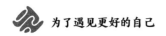

与同学"患难见真情"，感情日深

在朋友的推荐下，我选择了精华学校，2013年8月19日进校复读。瞧，即使已经过去三年半，我依然牢牢地记住这个日子，因为这是自己人生的转折点。

我在精华学校是寄宿制就读，从小习惯每天奔波的我开始时并不适应，觉得生活环境太简单，每天被拘在"小园幽径"处，只见得四方的天，在校园里晃悠，有点憋得慌。这个再苦一年的选择值得吗？要不要轻松地去二志愿学校学习呢？

我很庆幸，最初的信念没有被杂念动摇，而是怀揣着对未来的热情、对失败的倔强不服，强迫自己迅速调整，坚定地走了下来。不习惯午睡，我就每天中午在外面散步，自娱自乐，进行跳绳、打羽毛球等简单运动。后来，为了适应高考的节奏，才训练自己午休。

宿舍6个人一屋，大家来自不同学校，性格、生活习惯各异，没有家里人的照顾，彼此都需要改变。外向的我通过找别人神侃、玩闹等主动出击的方式，努力去尽快适应集体生活，很快就交到几个好朋友。我和坐在后面的一个同学志趣相投，生活方式类似，非常聊得来，课间总凑在一起喝牛奶、吃水果，两个人站在垃圾桶前削苹果的模样成了班级一景。

患难情谊最动人。在复读班上完后，我和朋友们依然保持了密切联系，感情深厚。我和考上北外的同学一起看电影、去台湾玩；和考上北大的同学一起逛校园、吃饭；和考上清华美院的同学去日本旅游。在精华的这一年自己赚了，不仅成绩提高，还结识了许多值得结交一生的朋友，一群人一起为着梦想努力是那么和谐美好的事情。

老师授课经验丰富，亦师亦友

我们班留给学生的自习时间很充裕，晚自习时也不会占课，让我有足够的时间去思考。我很适应并喜欢这样的安排，因为我们这个层次的学生其实不需要讲太多的习题，反思更加重要。

在复读的近一年里，我时常在思索、总结失利的原因。我认为每一个高考生都存在心态、学习方法、知识漏洞等问题，有人幸运地避开了，有人则不幸地在高考中暴露出所有问题。有问题就要改变，在受到打击后，我开始长记性，及时调整心态，跟着复读班的同学学到很多好的学习窍门。最主要的，是精华的老师每年都带高分落榜生，经验丰富，教会我每个阶段应该做什么。我不仅提升了思维分析能力、提取信息能力，知识小漏洞也逐渐被填平。

虽然复读生活很辛苦，但老师的亲切、专业和高素质给我留下很好的印象。精华学校给我们班配备的师资是超强的，甚至优于许多市重点校。整个班的教学氛围轻松、毫不沉闷，授课老师都很可爱，亦师亦友，我对每位老师的教学特点如数家珍。

数学教师教给我们正确的学习方法，颠覆了我对这门学科应该狂刷题的看法。他对高考考点很了解，能准确把握出题思路，给出的办法针对性特别强，而且特别注重反思、总结，强调我们要形成解题的思维链条。我对他佩服得五体投地，怕是全北京的文理科数学老师都少有他的数学能力、豁达胸襟和世事态度。

历史教师擅长把握教学重点，一二轮复习各偏重哪方面，让学生看书还是进行专题性梳理，或是体系再造，老师的思路都很清楚，对高考历史的把握是绝对没得说的。她还喜欢评价自己授课的样子，那自言自语时呆萌的表情常常令我们忍俊不禁。

地理教师就像一个大姐姐，平易近人，和学生做朋友，喜欢给同学们起一些超萌且形象的小外号，经常和大家聊最近的状态。但是，她对高考地理的认识却是成熟理性的，有自己对本科目学习考试的独特见解和方法。我以前不知道如何去发现自身的问题，跟着她学会了自我解剖，能看着错题找到知识点漏洞。

上学这么多年，听老师要求过建立错题本，但我一直没当回事。直到来到精华，在老师的指导下，我终于养成了这个习惯，还把解题时的思考过程写在错误后面，经常翻看，两相对比，琢磨怎样答题才能满足出题者的需求，真正树立起高考答题思维。训练到最后，给一道题，我就能迅速分析出出题思路。此时，我知道自己离成功只有一步之遥了。

应考期间断绝与外界的联系

精华学校的习题不算多，但每道题都很精，我在这里学会了把书读薄。我的心态越来越放松，每天6点半起床，晚上11点半休息，基本不熬夜，寒假里甚至看完了韩剧《来自星星的你》。但时间利用率高，"磨刀不误砍柴工"，分数一点点在提升。

进入高考最后倒计时，因为家离考场很远，我提前三天就住进酒店备考。我的经验是，这几天可以再看一遍高考说明、易出错的知识点和错题，作息时间和平时一致就行。可以有适度的娱乐活动，像我就看了一些旅游节目，但不会看电视剧和听歌，因为这两样容易在脑海里不断循环，影响备考。第一年高考时我还慌张，第二年就好多了。为了静心准备，我还断绝了和外界的联系，也不和朋友交流。

这次高考发挥得不错，我处理难题时得心应手，心里特别有底。分数出来后也验证了这一点：总分比原来足足提高了27分，语文和数学成绩各自比第一年涨了十多分，其中语文137分，数学148分。

我很庆幸自己在复读的这一年遇到这么多好老师，助我圆了我的梦。我能感觉到自己在这一年里成长了，无论是心态、思想上，还是成绩上、学识上，我由内而外的改变与成长都是在复读的这一年里发生的。这一年为我创造了主宰青春的机会，我自豪地说自己抓住了。作为一个在青春岁月中天真的"荒唐"者，我为自己的

"荒唐"而骄傲。

生活不可能永远因循一个轨迹行走，只有不断做出正确的改变，才能划出人生优雅的弧线。怀揣着对未来的热情、对失败的倔强，我坚定地走了下来。我建议打算复读的同学，如果心理不够强大，最好不在本校复读，因为第二次读高三应该与第一次有所不同才好，不然就成了重复。走出去看看，视野可能会更宽阔。

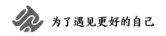 **给学弟学妹的建议**

1.关于专业：成绩差一些的学生就选好找工作的专业。比如财会系，看似各大学都有，只要考一个像CPA这样的证书，就容易找到好工作；法学也一样，通过司法考试能增大求职的砝码。不拼学校的话，就拼含金量高的证书，提高自己的核心竞争力。好学生挑选专业分两种情况：有追求的可以选自己喜欢的专业；以就业为导向，就选王牌专业，即使不喜欢，也要先学好本专业，以证明自己的能力，找工作时再谋求其他出路，只要有能力，转行也很容易。填报志愿前最好能提前进行调查，在校期间就能转专业是最好的，不过这样的高校不多。如果高校不允许转专业，可以通过参加各种活动、比赛等来增强履历的厚度。比如学物理的学生想从事金融业，可以多参加商业大赛、创业等进行实践实习。

2.关于大学：成绩差的学生，要根据专业选择学校；成绩好一些的学生，比如中等生也可以根据专业挑选学校，但所学专业一定要是竞争力强的；优等生要多了解专业在本校的位置、研究侧重面等情况。因为不同学校的同一专业研究方向是有区别的，比如北外和清华的英语系就有所不同。看重平台的应选择综合性大学。

3.关于高考复习：多关注错题，看看做错的原因，究竟是存在知识漏洞，是轻敌，还是未能全面去看待问题。如果这个错误经常犯，就要想得更深一些，最好能从中发现自己的本质问题，这样就能以小见大，无论是应付高考，还是走好人生路，都会有帮助。实在改不了的毛病，也不必强求改正，只要尽力而为就好。

4.关于考试：找一个安静的地方应考，避免一切不必要的干扰，因为这个时候考生很敏感，容易受外界的影响。要认清自己的考试习惯，不要因为个人好恶，放大不利因素。进入考场后，不要再和熟悉的人聊天，把心态沉下来，专心答题。做好可能会发生小概率意外事件的心理准备，勇敢起来，不要害怕，有些事要顺其自然。不会做的题目，要给出一个时间限制，比如30秒、一分钟等，一旦超时就标记出来，马上跳过，果断做下一道题。

外地艺考生考前补习圆了清华梦

在美术专业高中读了四年；高考前封闭集训，一个半学期没上过文化课；一模前几乎没怎么做过文综整套题，这些不利因素在艺考生李雅竹进入精华学校补习后一扫而空。培训了3个月，她在2016年高考中顺利过线，考入清华美院。

采访者：任洁

讲述人：李雅竹

高考时间：2016年

现就读高校：清华美院陶瓷艺术设计专业

南京逐梦女孩考入北京专业高中

我是南京女孩，上初中时成绩还不错，能排到全班前列。家人本以为我会和其他同学一样按部就班地上普通高中，没想到到了中考报志愿的时刻，我突然提出要考北京，考中央美术学院附中，他们一下子就惊呆了。

我从小学过绘画，有一定的专业基础，可是兴趣爱好和专业学习毕竟不同。父母希望我踏实地和其他学生一样考学，不愿意我走美术发展之路，说这是"自断前程"，不同意我的选择。他们本以为我是"五分钟热度"，结果这一次我坚持不松口。

我并没有美术专业的家庭氛围。父母均为理工科出身，父亲是建筑工程师，母亲是造价师，曾经因为工作繁忙经常去工地，没空照顾孩子，只能把上小学的我放在爷爷奶奶家里，直到初中才回到父母身边。他们对我没有太多要求，说只要孩子高兴就好，对成绩什么的并不看重，我平时考好了，他们会高兴；考砸了，他们会安慰我。所以我的求学路上极少有外界给予的压力，压力都是我自己给的。

看到我在中考志愿上寸步不让，父亲叹了一口气，退了一步："你只要能到画室里待上一个月，我就同意。"父亲这样说，是因为画室的条件简陋艰苦，冬天洗澡只能去外面的澡堂，睡的是活动板床，以为我肯定扛不住。不料，我竟然真的做到了，一去就是两个月，还婉拒了母亲要在画室旁边订宾馆相陪的建议。我说自己选

115

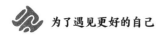

的路，就一定要走下去。

考进央美附中后，问题出现了：家在南京，学校在北京，难道让我一个女孩独自在外求学吗？父母经过深思，做出决定：母亲进京陪读，留父亲一个人在家乡。为此，父亲特意在学校附近买了房，便于我们踏实居住。母亲陪读四年，父亲每年会抽空来京看望，正是有了亲人的陪伴，缓解了我的思乡之苦，得以专心用功，成绩在班上稳居前十名。

封闭集训专业课，导致文化课落下太多

2016年我准备参加高考。美术艺考生往往需要封闭集训一段时间备战专业加试，专业考试通过后再开始复习文化课。我辗转各专业院校参加测试，母亲都是全程陪伴。到杭州考试时，父亲也赶来相陪，开车送我去考场，还给我打气。

我的专业成绩不错，参加了7所院校的测试，通过了5所，顺利走出了第一步。

但没来得及高兴几天，新的问题来了：因为封闭集训，我已经一个半学期没有上过文化课，落下了一大块，如果不专门补课根本不行；而且学校平时一般分科进行考试，按6门功课各100分来计算成绩，我对750分的高考计分方式不太熟悉，甚至没做过几套完整的文综题，不知道答题时间该如何分配，仅凭这样的状态，显然不足

以应对高考。

事实也证明了这一点：艺考结束后，我参加了东城区一模考试，文综都没做完，只得了170多分，总分不到550分。我慌了。

艺考生试考，进入最"牛"普通班

缺漏，一定要在短时间内弥补上。在学姐和其他家长的推荐下，3月我来到精华学校补习。对于插班生，学校会安排考试，以了解我们的学习情况。为了调动我的斗志，母亲"吓唬"我要好好对待考试，"如果你通不过，那就只能上艺考班，没法进最好的普通班了。"

担心读艺考班可能会达不到想报考的艺术院校分数线，我果然被"吓"着了。虽然因为进班时间将至，我只考了数学、英语，但两门均考到120分以上，证明了自己的实力。随后我又接受了校领导的面试，至今还记得其中一个问题，"你的文化课落了很多，如果在班里跟不上怎么办？""前两天我可能会跟不上，但以后一定会追上的。"凭着这份自信，我如愿被安排进普通班里最好的6班。事后，我都对自己能有如此的表现感到惊讶，"那时真是拼了呀。"

在全日制文科6班里，来自央美附中的只有我一人，还有几个同校同学在其他班。班里同学起点高，而且已经彼此熟悉了半年，插班的我没上过之前的课，对一切都很陌生。面对我的无助，同学们

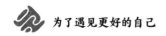

热心地伸出援手，不仅找我聊天，积极借笔记给我抄阅，还给我讲题、讲知识点之间的联系等，帮助我尽快消除了不适应感。

辅导班的作息时间比原学校严，管得也紧，虽然是第一次住校过集体生活，但我的室友都很"nice"。大家彼此分享学习经验，经常聊天，还组织过外出活动，一起过生日、吃饭之类，为紧张单调的学习生活增添了不少色彩。有时候周末我都不回家，就待在宿舍里安静学习或者休息，现在还和同学们在微信上有联系。

大课之外再报小课，提高复习效率

文综是我的弱项，其中政治和地理，因为封闭集训久未接触，忘得特别多，东城一模试卷的文综题政治部分就没几道会答的。没进辅导班之前，我觉得要背的实在很多，不知从哪儿下手好。在这里，政治老师列出知识点的逻辑关系，脉络清晰，我惊喜地发现其实不用背太多，只需环环相扣就能记住主干，省去了很多时间，比背一本书要快多了，100分的政治卷逐渐能得80多分，进步明显。

我的地理成绩一直处于中不溜水平，精华的老师从题目出发，每个知识点都给出一堆经典题，涵盖了高考所有可能考到的方面，只要会做就能应付高考。

虽然成绩逐步在提高，但我并不能完全放下心。根据我的水平，第一志愿填报中央美院会比较稳妥，我的目标却定得更高，想去清华美院。院校不公布分数线，按分数从高到低依次录取，考得越高越有把握，所以我不能有丝毫懈怠。

除了上大课外，我还报了除了历史以外的学科小课"吃小灶"，班上很多同学都报了这种课，去补薄弱环节。小课实行一对一教学，每次两小时，老师会针对学生个人的薄弱点进行有针对性的辅导，缺哪块补哪块，已掌握的就不再讲。这样补习的效率更高，避免接收无效信息。

小课一般安排在午休、晚自习等课余时间，主要看老师的时间，因为报的学生多，下手晚了往往约不到最红的名师。像地理老师最忙的时候，我只能一个小时一个小时去预约，可见其"抢手"程度。

上小课时，老师会按自己的教学脉络讲，比如地理会从世界讲到中国，从自然讲到人文，教科书的体系是把内容打乱了，一段一段分解着介绍，这里的老师是整合起来讲，更加符合高考的出题模式，答起题来更加有保障。我更喜欢上小课，从进班起一直学到高考前一周，效果非常不错，复习时少走了很多弯路。

高考前两天，父母给我订了宾馆的豪华套房，以便我静心备考。虽然还有一些地方没有背熟，但我已经看不进去，干脆开始打游戏来放松，连着三个晚上都在偷着玩。我是临场兴奋型选手，平时不显山露水，一到大考就激动，一看试卷就踏实，其实，这些信心还是建立在足够的知识储备基础上。

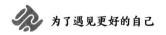

高考前外公去世，没见到最后一面

出分那天，我和同学出去玩，是父母帮着查了分，父亲当时紧张得血压都飙高了，母亲的心脏也砰砰乱跳，一度都不敢摁电话号码。听到报分后他们都惊着了，马上给我打电话，让我猜猜考了多少，语气很严肃，吓了我一跳，还以为考砸了呢。

母校的班主任打探到全班分数后，高兴地发了朋友圈，说本校文科状元是644分，我一愣：这不是我的分吗？！一切好似梦境，这个成绩比清华美院的录取线高出太多，我成功了。我学的是陶瓷艺术设计专业，这是很早以前就确定的梦想，我的目标很明确，想做陶瓷项目的非遗研究。

不经历风雨，如何见彩虹。高考如愿以偿，我却留下一个小小的遗憾：3月底，从小带过我的外公去世了，父母怕影响我的复习，善意地选择了隐瞒。有一天我在家玩母亲的IPAD，无意中看到亲戚商量葬礼的事才得知噩耗，那一刻，我足足愣了半小时没缓过来。我理解父母的苦心，决定不和他们说起这事，只当自己不知道。

记得3月份通过网络看见外公时，远在家乡的老人硬撑着在病床上录了一段视频，祝福外孙女高考顺利，为我加油鼓气。原来那就是我和外公的最后一面，还是远程的，连他的葬礼都不能回去，每每想起来，心里都特别难过。

经历过这件事，我一下子成熟了不少，变得更加重视高考，因为不想辜负亲人们的期待。作为家族中第一个考上清华的后辈，在得知分数和拿到录取通知书后，我两次回到家乡给外公扫墓，在老人的坟前告知了这个他盼望已久的喜讯。

给学弟学妹的建议

1.关于专业：别太注重热门专业，比如中央美院的雕塑、油画等，清华美院的视觉传达等，应该明确未来自己想往哪个方向走，学你认为能干好的专业，而不是随大流。不是别人说好你就能学好，很多学热门专业的学生，上完大一后发觉不适应，才想转专业，就很麻烦。

2.关于大学：一定要设定方向，明确目标后能达到的可能性会大大增加，不要靠别人在背后推你。选心仪专业办得不错的大学，最好是综合型大学，这样能选修很多相关课程，接触更多知识，学到想学的东西。好的综合型大学的学风也不错，同学们很上进，而且各种机会很多，可以跨领域交流，不像专业型院校，类似的机会比较少。

3.关于高考复习：查缺补漏，做题时发现漏洞，就一个个去弥补。

4.关于考试：平常心面对，要相信自己，别把高考太当一回事，就当是在做平时的模拟卷。应试时对时间的把握非常重要，尤其是文综科目，不会做的就跳过去，保证会的分先拿到。

改变人生轨迹的一次补习

　　如果没有来到精华学校参加补习考上大学，刘婉京的人生大概会是另外一番光景：不咸不淡地做着一份化妆师的工作，随大流地学会抽烟、喝酒，休闲娱乐只能想到泡吧唱K……而这一轨迹在她2013年来到精华学校后被划上了终止符。现在的她是北京联合大学会展经济与管理专业的一名大二学生，在这个前景无限的全新领域里，在充分发挥自己化妆师审美优势的同时，她如饥似渴地吸收着新的知识，对未来充满了无限的期待。

采访者： 牛伟坤

讲述人： 刘婉京

高考时间： 2014年、2015年

现就读高校： 北京联合大学

辍学两年想上大学

我中考的时候考了480多分，上了一个区重点。上了两个月之后，就不想去上了，一门心思想去学化妆。其实，我在初中的时候就对化妆很感兴趣，但是不知道该去哪儿学；加上从小受到的教育根深蒂固，认为人生的正常轨迹应该是读完初中读高中，一切按部就班。上了两个月高中实在不想上了，于是就跑去了北京电影学院附近的一个课外培训机构学习造型。说实话，化妆这一行也没有太多可学的，差不多学了半年以后，就开始出来工作了。

工作两年，渐渐地开始感觉到自己的文化水平有点低：很多时候跟别人沟通交流，会遇到一些自己到达不了的高度；我能想到的东西和我所表达出来的东西，与上过大学或者说接受过具体培训的人相比，在思想上还是挺有差距的。比如说，遇到同样一个问题，我的领导或者是一些同事就能考虑到这个问题的各个角度，而我思考这个问题的方式就特别单一。所以，那时的自己特别想通过学习，来增加点真本事；也动了上大学的念头，想读一个正规的本科。

特别庆幸的是，我妈妈比较有先见之明，在我高中退学的时候，怕将来有一天万一我又想去上学了，就帮我在职高挂了个名，要不然后来连高考都参加不了。回校园读书这个决定做得很痛快，但说实话我自己都没想过会坚持下来，更没想到的是居然一下子坚持了两年。

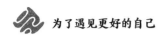

复读两年"修成正果"

读职高的时候，大部分时间里我只是挂了个名，主要还是在外边工作。因此，在职高接受到的基础学科的训练特别有限。我们当时的文化课只有语数英，其他都是专业课，而且语数英教得也都特别简单。

2013年9月，我第一次来到精华学校开始补习，第一年补习后参加高考时自己并没有什么目标，加上底子也差，只考了402分；第二年又补习了一年，也没想到自己能考到532分。但我当时已经明确了自己对未来的期待，因此第二年高考时一点压力都没有，非常轻松，抱着"今年不行就再来一年"的想法。

对我来说，两年补习最大的挑战来自于自己的心态。来精华学校之前已经有好几年时间没有摸过课本了，老师们帮助我调整的方法有很多种，但是核心就是无限的耐心。比如说，我看书很难坚持，看个两三页就会走神去干别的事情，注意力不集中；上课的时候可能会开小差，甚至还会打瞌睡。老师从来不会粗暴制止，而是会对我进行重点关注、温柔提醒。另外，由于工作了两年，在学校很难收心，心态也比较飘。刚来的时候可能不太会处理人际关系，经常和别的同学发生矛盾或者起冲突。老师们都特别耐心，对我处理的方式也比较温柔，不会觉得这个孩子是故意淘气，要粗暴地进行隔离。

除了学习态度不端正，自己目标也不是很明确。因为当时不是想着去具体考哪一所大学，而只是想学一个试试，自己的心也没定。在帮助我树立目标上，我觉得精华学校的老师起到了很重要的引导作用。老师对我的耐心和教导，以及在具体学科上的不放弃，让我有一种感觉：既然别人都对我这么负责任，那我自己也要对自己的未来负责任。就这样，我也开始慢慢地去寻找自己可能想要去的方向。

零基础是怎样实现逆袭的

对我这样一个几乎是零基础的人来说，来到精华学校之后，每一个学科都得到了最大潜能的发现和挖掘。但是相对来说，我觉得提升最明显的还是集中在语数英这三个学科。刚入学的时候，我这三科的成绩特别可怜，数学只考了十几分，语文和英语也都是三五十分的样子。

针对我的情况，语文老师将试卷分为几大板块帮我逐个击破。比如，古诗词背诵等基础知识部分是我最薄弱的环节，对很多人来说这部分谈不上有多难，但是因为我从来没有背过，38篇必读和7篇选读对我来说完全是陌生的。语文老师帮我圈定了范围之后，我就开始"背了忘忘了背"的无限循环。在那么紧张的学习节奏里，我每周会抽固定几天专门来背课文，文章篇幅长的就两天背一篇，篇幅短的就一天背一篇，来来回回地一遍遍过。阅读部分，老师会

把文章归好类，说明文会出现什么题型？记叙文会出现什么题型？针对这些题型有什么对应的解题方法？如何回归原文找到这些题型的作答方法？在作文上，可能因为自己思维比较跳跃，遇上故事类比较顺手，写得还行；但是，摆事实、讲道理的议论文我就很不擅长。这时，老师就会针对具体的作文题目给我非常具体的建议，分析作文出现的问题，是论点不明确还是论据不充分，每次进行具体的纠正，让我受益很大。

数学是我提升幅度最大的一个学科，最后高考的时候考了133分。说起来，我觉得自己运气特别好，第一年"一对一"辅导我的数学老师，刚好是我第二年的任课老师。我的数学老师非常注重基础，他挑了一个比较适合我的方法：拿到该拿到的基础得分，有余力的情况下再去啃难题。比如说，数学试卷的最后一道大题，可能需要特别高的逻辑思维能力，这类题型我平时练得就比较少；而像三角函数等基础题型，思维模式和解题方法都比较固定，我们就会千篇一律地练、不停地练。老师的训练方式让我学会了取舍，学会合理分配精力，做不出来的题就不要浪费太多的时间。在最后高考的时候，虽然最后一道大题没做，但是因为前面每一道题都做得特别细致，只要做了的题基本都拿到了分数，也没影响到自己最后的成绩。平时基础性的训练在高考成绩中得到了体现。

另外，我特别感谢数学老师的一点是，当时的他还充当了我的心理老师。因为基础太差，我有时候会因为题解不出来变得很急躁，时不时想放弃。但是，老师会很耐心地帮我解决这些问题。数学老师的诀窍就是"碎碎念"，不停地鼓励我，不停地疏导我。在那种强压环境下，这样的鼓励和疏导对我来说真的很重要。有一次上"一对一"的时候，自己有点儿厌学，超级不想上。数学老师真的随我的意不再上了，而是开始聊我的心态问题，帮我解开心里的疙瘩。

我记得第一年来的时候英语分也挺低的，只有30多分。英语成绩要提升，单词是基础。为了帮我克服惰性，英语老师会把我"丢"到办公室里监督着我，完成了任务还对我进行零食奖励。有了单词做基础，还存在着一个背会了怎么用的问题。我觉得这得靠大量的练习，见得多了才能体会出具体语境下该使用什么单词。练习写作时，老师按体裁、主题分类，然后给我们推荐写得好的范文进行背诵。这对基础薄弱的同学来说其实是一个特别好的方法，如果一开始就让我自己去写，可能不管是在措辞上还是在手法上，都不会达到一篇优秀范文的水平；背了之后按照范文进行仿写，然后再进行修改，提升的效果就会更加直接。另外，为了给我们补基础，英语老师让我买了全套的高中课本，对里面的文章进行逐句的翻译，我觉得训练写作的同时结合这样的练习还是非常有意义的，因为有时候你每一个单词都会，但是把它写出来就会很错乱。通过完成把英文翻译成中文的作业，我可以对一些基本的构词、构句手法有个大概的熟悉和掌握。

文综学科的老师给我的最大感触就是不枯燥。无论是历史、地理还是政治，老师们都能把知识用一种有趣的方式讲出来。跟老师

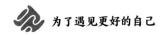

的相处也很默契，亦师亦友。

规划未来找寻人生新可能

现在想起来，能让我坚持补习两年的动力，排在首位的应该是通过在精华的学习让自己对未来有了希望。第二年补习的时候，突然很期待上了大学之后或者是大学毕业以后自己会有怎样的工作环境；再回到职场的时候思考问题的态度会不会有什么改变？思维模式会不会优化？对于这些问题的答案我都觉得特别期待。

其实，这样的期待与自己接触的环境也有关系。因为之前是学化妆的，周围的朋友说话都是简单粗暴型，一起玩儿的时候不是去KTV就是去酒吧，夜生活也比较多，抽烟、喝酒等各方面的生活习惯也不是很健康。在这样的环境里，你不跟他们一起吧，就会显得有点儿格格不入；但是如果真的随大流去做了，又会觉得自己想要的生活不是这样的，不想一直过这样的生活。在他们的身上，我看到了自己不想要的样子，特别想要寻求一个改变，希望有一个更健康或者是更理想的生活环境和生活习惯。精华给了我改变的路径。我觉得人就是这样，越积极就越积极，越消极就会越消极。

另外一个动力是来自我的老师。我很庆幸在精华学校遇到了特别棒的老师。他们不管是从具体的学科上面，还是在心态方面都给了我极大的帮助。我觉得对我这种经历和性格的人来说，精华学校的老师采取了一个特别恰当的态度：理解、信任、无限温柔。

我特别要感谢的是在精华学校遇到的"贵人"廖中扬老师，他给我的帮助不是在具体学科上，而是在对未来的规划上。在此之前，我对上了大学的学业规划以及未来的打算几乎是一片茫然。拿最简单的要不要出国这件事情来说，因为我没有出过国，并不知道这件事情的具体利弊在哪，它到底适不适合我。老师会通过询问我想学什么专业，相应给出具体性的推荐；对于当前的阶段应该怎么去学习怎么去规划，都提出一些具体的建议。后来选专业的时候，也是老师的建议引发了我的思考，选择了现在的会展经济与管理，既发挥了自己的审美优势，又有很好的前景。直到现在，我回去看老师聊起现在的学业，他都会给我特别具体的建议。

另外一个重要的动力来自父母和同学。因为自己之前工作过，身边的同学其实都比自己小，第一年的时候差个一两岁，还不觉得；第二年的时候，这种感觉就比较强烈了，大家就会喊我"婉京姐"，彼此特别融洽，让我每天都特别喜欢去上学。其实，我原来上学都感觉挺痛苦的，因为去了学校就会被老师威逼利诱，加上自己性格比较冲动火爆，跟同学相处也不是特别愉快，经常会起冲突。但是，在精华学校就不会有这种感觉。直到现在，我跟同学联系还特别紧密，经常一起出来玩，我非常感恩在这里交到了一帮很好的朋友。另外，可能因为是复读生，大家都有明确的目标，学习氛围就特别好，不会出现那种"一个人不想学，大家一起乱"的场面。

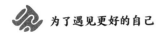
这两年，我自己的性格也得到了很好的修炼。之前脾气火爆，思考问题的时候特别感性，总是按照自己当时的情绪来。通过跟老师和同学相处这两年，我看到了正常情况下人与人之间该怎么交流。爸爸妈妈也看到了我实实在在的转变，从之前不怎么着家到现在会坐在家里看书，让他们觉得特别欣慰。而且我原来比较叛逆，跟父母相处的时候经常爆发"战争"，补习之后变得更愿意去体谅他们，跟他们好好地沟通交流。

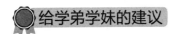 给学弟学妹的建议

请大家相信自己的努力，希望能考上自己想去的大学。

适合的专业对我更重要

因为一个"服从调剂"的选择，戎燕被南开大学七年的临床医学专业录取。虽说学校没得说，但专业与她的兴趣相去甚远。经过反复协商和努力，学校没有同意她改换专业的申请。无奈之下，戎燕选择了复读。

仅仅相差一年，高考改革带给了她更多选择，特别是考后知分填报志愿，让戎燕有了一种自己执掌命运的感觉。2015年，她被北京大学信息科学技术学院录取。

采访者：王佳琳
讲述人：戎燕
高考时间：2015年
现就读高校：北京大学信息科学技术学院

自主招生遭遇滑铁卢，影响复习心态

南开大学还有临床医学吗？刚看到高考录取结果时，我一时有点懵。我从来不记得南开大学还有什么临床医学专业。而且让我学医，还是7年的本硕连读，这不是开玩笑吗？

我是理科生，高中母校是汇文中学。在汇文，成绩一直还算不错，年级排名在七八名。但是坦白说，我高三时期的学习状态并没有那么稳定，特别是高三第二学期。如果分析原因的话，还和自主招生有一部分关系。

2014年那年，高校的自主招生还是放在高考前，集中的自主招生考试都是安排在高三当年的寒假之后。我参加了清华大学的自主招生考试，为了这个考试，我整个寒假都在紧张地准备。

但是，这次自主招生的结果可以用惨败形容——我没有获得一分加分。但跟我成绩排名差不多的同学，几乎都有加分。在那段时间，我情绪上受到了影响，感觉非常失落。

而另一方面的问题来自于复习。我在专业上比较倾向于数学和物理，而且清华自主招生不考英语和语文，所以在寒假复习的时候，我就没有太顾及语文和英语。可是，考完之后问题来了。计划中的加分没拿上，寒假复习时，语文和英语又落下一些。

几件事赶在一起，高考复习的心态就受到影响。

志愿填报不当，被迫调剂学医

现在回过头看，造成后来高考的不理想，复习心态不稳是一个原因，而高考填报志愿失当就是另外一个原因了。

我第一年高考（2014年），高考志愿填报还放在考前，大家主要参考模拟考试成绩和日常排名填报志愿。但那几年，志愿填报一直在改革。2014年最大的改革就是：高考志愿首次采用平行志愿组的方式，本科各批次的一志愿，可填报两所平行志愿学校。

这个政策后，第一批次就可以填报两个高考志愿学校了。我综合自己的成绩，把第一志愿的A校填报了上海交通大学；第一志愿的B校填报了南开大学。后来高考成绩就能看出，这样填报志愿在分数上根本没有拉开差距。

2014年，我高考考了655分。但那一年，南开大学的分数线也很高。一方面，我很幸运地被"一B"学校（第一志愿平行志愿的第二个学校）"接住"了；但另一方面，我报考的6个专业都没有如愿录取我，而我只能服从南开大学的专业调剂——直接把我调剂到了7年的临床医学专业。

学医，对于我而言，实在是太突然了，而且一学就是7年。我觉得，自己可能坚持不下来，因为毕竟不是我的热爱。

查到录取结果的时候，已经是7月，我一边和南开协商换专业的事情，一边四处打听这个专业的情况，包括向我家里学医的亲友咨询。我父母觉得，南开大学很好，临床专业也挺好，未来家里有

个从医的也不错，而且工作稳定，社会地位也高；我学医的亲友则要我慎重考虑，同时也要考虑到在天津学习后回北京就业的问题，以及北京对于南开大学该专业的认可度问题……说实话，当时挺纠结。因为不是没有选择，而是要考虑是不是要放弃已有的这个选择。

其实，我也在考虑是否要出国。不过，综合评价了自己的英语水平，九十月就要面对的SAT的急迫程度，以及申请国外大学个人特质方面的优势……我觉得，出国并不适合当时的我，因为它并不利于展示我的优势。

我对复读的提升空间有信心

我做不了一个医生，因为这与我的兴趣相去甚远；南开大学也无法变更我的专业，让我选择自己有兴趣的方向；准备出国的时间过于仓促，内容上也不利于我扬长避短。

做出复读的决定是在8月初。在那之前，我确定了两件事：

第一，我还有没有提升的空间？答案是：有，有提升空间的科目是我各科中最瘸腿的英语。

第二，我的期待到底有多高？答案是：我不是非北大、清华不上的那种人。我复读，最主要的原因是专业不喜欢。复读一年，只要专业是我的兴趣，大学的地域我可以接受，就能达到我的期待。

想清楚了这两点，其实就给自己减少了一些不必要的压力，可以全力以赴去复读了。

制定学习方案，务求适应自身特点

进入精华学校之后，我们按照分数进行了分班，600多分的学生，基本都被分到了精英班。过去，我在学校的理科实验班，班级里学霸更多，所以我很快也就适应了这个班级。

虽然是学霸云集，不过班级里氛围一直不错。有些学霸虽然有严重的偏科现象，但大家利用各自的"偏科"，反而形成了互补。比如我的一个同学，外语非常好，而我的外语不行，我就从她那里学到很多关于外语方面的学习方法。

其实，不要小看这种同伴之间的互助，我觉得它很重要。假设同伴跟你讲题，你们就可以互相讨论问题。如果向你请教的那个人有不明白的地方，你再给他讲，这种交流的过程，也是加强理解的重要方面。一道题目如果不仅是你会做，而且你还能给别人讲明白，那么你才是真的明白。

在精华学校这一年，老师对于高中三年的知识的梳理进度也要快于高三那一年。另外，这一年我们有更多考试方面的训练，其中重要的一点就是要加强时间观念，无论是测试，还是写作业，都会特别强调时间的概念。

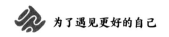
作为一个高分复读学生，我感觉在复读中不能过分依赖老师的布置和指导，而可以在学习方案的制定上摸索自己的节奏，对自己要有一个整体认知和整体设计。比如一些自查的作业，我就会结合自己的特点，挑选其中的一些完成，但不是完成全部。只要和老师沟通说明原因，老师一般也会同意。当然，这一切的前提是，你可以确定自己能够掌握那些简单的、基础的部分。

同时，复读生特别是高分复读生要针对自己的弱点或者方向，来给自己制定一个复习计划或是测试计划。要对自己薄弱的学科，投入更多精力。针对这些弱势学科，找老师问问题。

获得北大20分自主招生加分

复读这一年，我再次报名参加了北大的自主招生考试。尽管是复读学生身份，但有我过去的母校的品牌以及精华学校多年输出的优质学生背书，我的申请最终获得了批准。

在我准备北京大学博雅计划（自主招生项目）期间，我的物理老师、化学老师，还有许多老师，都给了我很大帮助。我找了很多自主招生的题目，作为日常训练的难点和重点，但也要常常请教老师。

这些题目通常都不是我们日常作业中的题目，很多时候老师也是第一次看到。老师并没有觉得我增加了他们的负担，而是非常热情地和我一起讨论这些题，认真读题，详细帮我答疑。更可贵的是，我还通过这些题目，学到了一些思考问题的方法。

除了物理、化学老师，生物老师也给我留下了深刻的印象。她会将生物学科中的一些思维方式借助讲课、解题、做实验传达给我们。比如做实验，她会把实验的思路告诉我们。这种思路，不论是面对高考，还是现在进入高校学习，对我来说都是非常受用的。而且，生物老师还常常会结合人脑，讲一些与大脑记忆相关的常识，既有趣又实用，现在想来都觉得很有收获。

2015年的高校自主招生也比上一年发生了较大变化，从高考前改为高考后。与前一年相比，我的准备更加从容，心态也更为平稳。最终，我参加了对学科综合性要求较高的北大的自主招生，并且获得了20分的自主招生加分。

考后填志愿，感受到自主权在手中

第二年高考的利好，不仅体现在自主招生的时间安排上，还包括另一个高考志愿填报方式的重大改革，即考后知分填报志愿。

这一年，我的高考成绩从2014年的655分，提高到2015年的677分，排名比上一年提升了1000多名，最终被北京大学录取，就读于信息科学技术学院。

除了老师，我还忘不了我们那个和谐、团结的班级。这一年中，我们班参加了拔河比赛，养成了大课间打羽毛球或踢毽子等积极锻炼的风气，以至于升入大学，我也成为了一名羽毛球爱好者。这些有益身心的锻炼项目，也成为帮助我调节心态的重要活动。班级运动的氛围让我们的学习生活变得有张有弛，学习效率也得到提升。

现在回想起来，在精华学校复读的一年，我的付出获得了超值的回报。我不仅进入了北京大学，而且选择了自己喜欢的专业。在不懈的努力下，我将报考的自主权牢牢掌握在自己的手里。

自己决定自己的未来，这种感觉好极了。

给学弟学妹的建议

1.关于复读与出国：复读与出国的关系，一定要处理好。其实，出国并没有想象中那么简单，要申请好的大学，需要一个较长时间的准备。而且，一般的SAT考试会安排在当年的9月或10月，对高考复读生而言，准备的时间很短。即便有些国家认可中国的高考成绩，但对于申请大学和专业而言，国外的高校更看重学生个人特质方面的特征，你是否有这种特色鲜明的个性特长，也是需要考虑的。我就是客观评价了自己的优势，之后和这些国外留学的要求相互对照，最后觉得自己的优势在复读中发挥得可能更好。

2.关于复读风险：复读的风险，其实就是自己能接受复读的结果。每个人对复读的期待是不同的，第一，主要指最低的期待：有的人复读就是为了上名校，非北大、清华不上；有的就是为了考取一个一本大学；还有的就是希望能考取自己喜欢的专业（和我一起复读的一个同学就是如此，她非常喜欢外语专业，但第一年考得不理想，不能选择这个专业）。第二，你在能力提升上，希望比较大的部分，有多大的提升空间。我觉得，这里面要看自己最短的短板的提升空间和提升难度。如果自己短板的提升空间很大，提升之后能满足自己最低的复读的期待，复读就值得考虑。

3.关于专业选择：我在专业选择上吃过亏，所以我格外重视专业的选择。我认为，专业选择最主要的考虑是自己要有兴趣。我很反对拿着自己的分数找分数匹配专业的做法。我感觉现在学生填报志愿的时间还是太短了，特别是考后填报志愿，很多人用两天就选定了自己的专业方向，这种做法实在是太草率了，我还是建议大家应该花一些时间了解下不同专业的特点、思维方式的差异、未来就业方向，等等，否则在一个自己不喜欢的专业，即便你很有能力，你的潜能依旧是发挥不出来的。

考前一个月提高40分

距离高考只剩一个月，多数学生在这时候会觉得一切已成定局，无法再学习新知识了，但宋嘉琪却在考前一个月离开原来的高中，进入培训学校寻求突破。在这短短三十几天里，她找到了适合自己的学习方法，把零散的知识连成了体系；即使在高考出现失误的时候，她也能及时调整心态，超常发挥。

仅仅一个月，她不慌不忙地让自己的成绩提升了一个等级。不得不佩服宋嘉琪良好的心态和自我调节能力，而她的经历也给考生们带来了启示：努力，从什么时候开始都不算晚。

采访者：李莉
讲述人：宋嘉琪
高考时间：2016年
现就读高校：首都经贸大学

为实现梦想而寻求突破

我原来的学校，教学水平不突出，我在学校里一直是年级第一，每次考试都甩第二名三四十分。在那样的环境下，总是突破不了。高三4月一模考试的时候，我考了580多分。当时这个成绩我自己很不满意，因为我明显感觉自己跟高一高二比，成绩下滑了。而且高考模拟考试的题目让我觉得很不适应。我当时忽然有了危机感，觉得自己没有摸到高考的"脉"。距离高考只有不到两个月了，我很怕自己成绩继续下滑，于是想去校外找个对高考研究得比较透彻的培训班寻求突破。

选择离开学校给自己加压还有另一个原因。我从高二开始思考自己未来要学什么专业。因为家里有亲戚是学医的，于是我开始了解跟医学相关的知识，并且查询了医学专业需要学哪些课程。医学专业要学解剖学，我在网上看了解剖学的课程，还找来相关的书看，觉得自己对解剖还是有兴趣的。当时正巧参加一个生物竞赛，我找来大学的生物学课本粗略学习了一下，觉得自己对生物也挺喜欢，而生物学正好是医学专业的必修课。于是，我把医学专业定为自己未来高考的目标。我最向往的专业是首医大8年临床，本硕连读。但想进入那个专业，高考成绩应该在640分以上。我很想为自己的理想博一次。

找到适合自己的学习方式

精华学校是父母帮我选的，为了挑选合适的学校，他们几乎考察了所有的培训机构，最终选择了他们认为最专业的一所。

4月底，我进入青云校区理8班。这是个全日制班，班里既有往届生也有应届生。进入理8班后，我的第一感觉就是"有竞争了"，几次测试下来，不论是总分还是单科，都有比我强的同学。高中三年一直遥遥领先的我此时终于感到了紧张，于是每次下课我都追着老师问问题，急着想尽快把漏洞补上。

在精华学校的学习让我明白了一个道理：学习要找对方法。以前我曾经想过很多方法提高自己的学习效率，其中有一种方法就是每次上完课都把这次课的知识点总结出来。实行了一段时间之后，我发现这个方法效果并不太好。首先，想把每堂课的知识点都整理一遍，那要占用大量的时间，很难坚持。其次，整理之后往往发现，我只是单纯地把知识点抄了下来，它们仍然是一堆零散的知识，这种整理并没有让我"顿悟"。

进入精华学校之后，我发现这里的老师跟原来学校的老师有很关键的不同，就是他们会把知识系统地联系起来，让我们更加清晰每个学科的整体知识结构。对知识有了系统的了解之后，之前那些零散的知识点之间就有了密切的关系，学习和记忆的时候就变得容易很多，做题目的时候答题思路也会更加清晰。这一点在做理综试卷的时候体会更深刻，做大题的时候就会发现，其实每个小问题之间都有联系，就像一串串葡萄一样。因为发现了这个秘密，我的理综成绩提高也很明显。刚进理8班的时候，我的理综一模成绩是200分，一个月之后高考的时候，我理综得分超过了250分。

在复习中，我也在不断摸索着适合自己的学习方法。我发现自己平常听课或者做题的时候，常常会发现学习中的薄弱点。但往往当时很清楚，一下课或者一做完题目就忘了。错过了那么多堵漏洞的机会，我心里有点懊恼，怎么解决这个"撂爪就忘"的问题呢？我想起初中时一个学霸同学的经验：她有一个小本子，专门用来记错题和容易弄错的知识点。我借鉴这个办法，准备了一个只有手掌大小的本子，随时放在手边。上课或者做题的时候，只要发现有不懂的薄弱点，立刻在小本子上记下来。有时候只记下简单的几个字，自己能看懂就可以。之后等下课再整理小本子上的问题，每周找个时间，把小本子上这一周的所有疑问和薄弱点都找老师们解决掉。这种方法对补齐知识短板很有效。

在原来的学校，因为大家水平参差不齐，老师对基础知识讲得多，拔高题几乎不讲。老师教给我们的高考策略就是：基础题要保证拿分，后面的大题可以放弃。而在精华学校，老师会针对不同层次的学生给出提高成绩的方案。

我的英语一直是弱项，进入精华学校之后，我开始加紧背单词。针对我的情况，老师找了很多往届学生的满分作文供我参考学习，并要求我精读课文，多做阅读和完形填空。我发现，通过阅读文章记单词比单纯地背单词效果更好。在大量阅读之后，我的语法

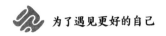
和单词都有了进步。刚进入精华一模时我的英语成绩只有100分，高考时我考了129分。

勤奋努力也要有节奏

高三有段时间，我曾因为作息不规律而影响了学习效率。那时候总觉得学习漏洞太多，于是每科都买了三四本复习资料，一刻不停地做，简直不能控制自己。有时候做着做着抬头一看表，已经半夜两三点了。有一阵儿我甚至每天4:00睡觉，6:00起床。这样的状态持续了好几个月。我是个挺心大的人，并没把作息不规律当回事儿，因为那样的作息似乎并没有造成上课打瞌睡之类的影响，我在课堂上仍然可以认真听讲。但不得不承认，我的学习效率其实并不高。而且在连续几个月作息紊乱之后，我的身体状况越来越糟糕，看起来总是病快快的，气色也很差。妈妈觉得我如果一直这样下去，还没撑到高考，身体就先垮掉了，于是带我去看中医。医生一看就说，太缺乏休息，必须规律作息。后来，我就给自己制定了一个严格的作息计划表，努力提高学习效率，强制自己不熬夜。坚持了一段时间之后，我终于找到了适合自己的节奏。

心态好才是王道

我觉得高三这一年，自己的心态一直挺好的。高考前，我一点都没觉得紧张，6月6日晚上，我还玩了好几个小时的手机。不过6月7日下午考完数学，我却紧张了一把。

数学考试结束，我刚走出考场就听到两个同学在对答案。他们说的是一道20分的大题，当时我听到他们说答案的时候，心里突然咯噔一下，因为那个答案跟我的不一样。我又仔细回忆了一遍试卷，忽然意识到是自己出错了。那道题目分几个小问，我在第一问的时候就出错了，而后面的答题要用到第一问的结果，这样一来，我后面几问的结果就一路错下去了。我觉得背上开始冒汗，心里盘算着会被扣掉多少分。这时候忽然想起考前精华的老师跟我们讲过高考的扣分规则：如果答案错了，但步骤和推导逻辑都对，那么就只扣最后答案的分数。于是我在心里安慰自己，虽然这道题高达20分，但我所有的步骤、公式和逻辑都是对的，只是最后答案数据不对而已，顶多也就扣个两三分。这样想着，心里渐渐平静下来。之后，我又告诫自己：这样的马虎错误绝对不能再犯了，后面的考试必须谨慎小心，把数学损失的分数尽可能地弥补回来。第二天的两场考试，我全力以赴，果然超常发挥。

高考后估分，我有点紧张，自己估计在610分至630分之间。妈妈问了问我的考试情况，然后说："我替你估一下吧，应该在620分左右。"没想到她估得还真准，6月23日一查，我真的考了621分。

为了遇见更好的自己

填报高考志愿的时候，爸爸妈妈并没有参与，他们只是给我建议不要学医，他们觉得学医太累了。但我仍然对医学专业非常憧憬。拿到高考分数我也不死心，找出志愿填报指南，对照分数段查看是否有相应的医学专业可以报考。当时觉得首都医科大学5年临床似乎可以试试，但这个专业以往常有北大清华的高分落榜生报考，而这个专业在北京只招收几个人。权衡再三，为了保险，我最终还是放弃了医学，选择了首都经济贸易大学的经济学专业。选择经济学除了结合自己的学科优势，主要还是考虑未来的就业。不过在真正学了这个专业之后，我更愿意在这个领域钻研下去，做个学者。虽然我刚上大一，离考研还远，但我现在就已经加入了一个考研群。高考的经历告诉我，既然明确了目标，就要早点开始努力，我希望未来能进入北大或者人大进行研究生阶段的学习。

给学弟学妹的建议

1.关于心态：越到高考越要调整好心态，高考拼的除了知识就是心态。要有一颗平常心，看淡结果。其实大家都明白，越着急越紧张就越容易出错。如果已经出了错，那么一定要给自己正向的心理暗示，以免影响后面的情绪，造成多米诺骨牌效应。

2.关于学习方法：要找到适合自己的学习方式，并养成良好的学习习惯。方法不对的时候，往往会做很多无用功，不仅浪费时间，而且没有效果。而找对学习方法，确实能够事半功倍。所

146

以，多尝试一些方法，看看哪种更适合自己。

3.关于作息：要保持良好的作息习惯，找到自己的节奏。高三时段很容易慌，大家都喜欢买很多练习题和辅导资料，但那么多题目根本做不过来。最后你会发现，很多资料买来之后只是起了个自我安慰的作用，只是为了自己心里踏实。面对大量复习资料的时候，一定不要陷进去，打乱了自己的作息规律，要坚持按自己的节奏学习。

一个退学大学生的成功逆袭

2009年，他考取了北京邮电大学的王牌专业——通信工程专业。四年之后，他退学选择复读，改学文科。经过精华学校全日制小班8个月的学习，最终他成功考入了北京师范大学中文系。

他用了四年时光想清楚自己喜欢什么，用了8个月从理科生变成文科生。他的经历诠释了那句名言：没有什么是不可能的。

采访者： 李莉

讲述人： 王卢嘉

高考时间： 2009年、2014年

现就读高校： 北京师范大学

擦边儿考入北邮王牌专业

"北京邮电大学通信工程专业"——多少理科生梦寐以求的专业。2009年，接到北邮录取通知书的时候，我也曾是满心的欣喜和庆幸。当年我考了618分，通信工程专业的录取线是616分，我是擦着边儿考上的，分数一点没浪费！

当时选报这个专业，完全是从分数段的角度考虑的。模拟考试的时候我考了620分，我和家人一起仔细分析了往年各校的录取线。最终根据分数段挑出三所大学：北航大约630分，北邮620分左右，北理工600分左右。2009年还是考前报志愿，第一志愿至关重要，不敢报得太高，所以我放弃了北航。我的想法是不出北京，但又能接触来自全国各地不同的学生，考虑到北理工可能北京学生比较多，所以最后选了北邮。

事实证明，我对分数段的分析是正确的，单从录取分数看，这样的选择也很成功——高于录取线2分，进入北邮王牌专业，这个志愿报得相当有水平了。但谁能想到，那张录取通知书带给我的，并不是憧憬了多年的大学生活，而是一场痛苦的煎熬。

同学拿到毕业证时我被劝退

通信工程这个专业的基础课程特别多，直到大二下学期，我

们还在学高数、大学物理、模电、数电这些基础课。那时候还觉得问题不大，课程相当于把高中课程提高了一个难度档次，但还能应付。可是一到大三，各种专业课一上，我成绩单上立刻挂了一片"红灯"。

理科专业学习是一步一步递进的，前置的基础学科必须扎实，后面专业课才能学好。而我的基础课基本是糊弄过来的，学得不够通透，大三再加专业课，短板马上显现出来，跟不上进度，越来越吃力。等到学习计算机编程，不仅需要庞大的理论基础，还需要严谨的逻辑性。我对这些越来越没兴趣，根本学不进去。恶性循环形成了，我和大家的差距越来越大，终于跟不上了，被迫留级。

那段时间我彻底颓废了，基本不上课，每天窝在宿舍里。因为留级，我换了房间，同屋的人我都不认识，也不想跟他们交流。想当年高中时期我还是学校话剧团的演员，但后来在大学宿舍，我几乎不跟别人说话。他们就算想通知我上课点名，都没有我的联系方式。我觉得跟不上他们的节奏，感觉自己是个多余的人，明明已经被淘汰了，还占着床位。

那时候，每天除了上上网就是看些书。当时我买了不少世界名著，枕头边常放着一本唐诗鉴赏辞典。其实我从小就是喜爱语文的，小学、初中和高中，我遇到的语文老师都非常好，她们使我对文学产生了浓厚的兴趣。如果不是因为讨厌背书，我高二时应该会选择学文科。

留级的日子稀里糊涂过了一年多，2013年6月的一天，和我同年入学的同学们都穿上学士服去拍毕业照了。我在床上躺了一整天，不敢去看他们。他们中有人已经设计出了能用手势控制手机程序的软件，那是我根本无法想象的东西。

在他们拿到毕业证的时候，教务处的老师来找我，希望我自己提出退学。

下决心复读，从理科改学文科

2013年9月，我办了退学手续。我没有回家，仍然赖在学校宿舍里不走，我不想回去面对父母。从大三开始我就很少回家了，作为一个北京学生，我却像外地学生一样，一学期只回家一次。我知道父母为我着急，他们看到了我的问题却束手无策，从小到大他们除了让我"好好学习"没有别的办法，如今面对他们的焦虑和责骂，我只能沉默。

就这样拖到9月底，我终于不得不面对现实，带着行李回到父母身边。父母问我今后打算怎么办，我说打工。妈妈立刻跟了一句："打工？你能干什么？"我沉默半晌，想起自己大三时唯一的实习经历：2012年11月到2013年2月，我到地铁四号线实习，负责终端机调试。每四天上两个班次，从晚8：00到早8：00，一个班次12小时能赚100块钱。地铁的师傅告诉我，这是公司最底层的活儿，几乎没有上升空间。当时我精神状态并不好，连着3个多月的夜班让我觉

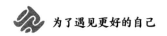

得身体也要垮了。我真的要去打那样的工吗？如今面对妈妈"你能干什么"的问题，我无言以对。并且，已经考上了北邮，最终却要以高中毕业生的身份去打工，我怎么能甘心？我不得不承认，尽管我懊恼耽误了四年时光，但现在我除了读书，什么都不会。最后妈妈说，你复读吧！我觉得父母一定对复读这件事已经考虑了很久，因为第二天桌上就摆了一摞各种复读学校的资料。妈妈问我，如果复读，要考什么系，我冲口而出"中文"。第二次选择，我知道自己喜欢什么，从小对语文的热爱至今没有改变。"如果考中文系，你就得从理科转到文科，你敢吗？"妈妈有点担心地问。"我都已经这样了，没什么不敢的了。"我回答。

2013年的"十一"是我度过的最惨淡的"十一"假期，我反复考虑要不要复读，毕竟高中知识已经扔了四年，早就忘了。而爸爸妈妈还要把我退学的事瞒着爷爷奶奶，强颜欢笑。

复读学校试听一天重拾信心

"十一"假期结束后的第三天，我和妈妈一起来到精华学校。本来想上试听课，没想到正赶上精华学校的月考。妈妈说，既然赶上了，你就考一下。

已经颓废了好几年，完全没学过文科的我，带着破罐破摔的想法上了考场。6门课从上午9点一直考到晚上6：30，因为早上来晚了一小时，我中午连饭都没吃，补写了作文。但历史、地理和政治，除了选择题，其他题目我全都没做，最终这三门考试的得分加在一起只有80多分，其中政治十几分，历史20分。所幸我数学、语文和英语的底子还是好的。语文和数学都120多分，英语考了110多。最后一算总分，6门课420多分，比四年前高考的618分少了近200分。距离高考还有8个月时间，我需要在这短短的8个月内补齐别人学了两年的文科知识，还要让自己的数学、语文、英语恢复到高考竞技水平，这样的任务我能完成吗？

考试后第二天，我在精华学校试听了一天的课。一天的课程结束后，我突然发现自己这四年大学没白上，有了大学期末突击考试的经验，至少听高中课程的时候我能立刻抓住重点。试听课结束后，我忽然对自己有了信心，我甚至觉得如果让我考前多准备一天，我就能让总分上500！

精华教学法直击痛点

于是，我进入了精华学校的全日制小班。后来我才逐渐意识到自己当时的决定有多英明，可以说我找到了最适合自己的考前培训学校。精华学校的老师讲课确实有一套。在我对效率要求很高的情况下，老师们的教学方法可谓直击痛点。

首先是各科老师都会用自己的方式对知识点进行高度概括提

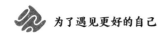

炼，精华学校的课堂笔记直接可以作为考点进行复习，这就为我节省了至少一半时间。

老师们上课用的都是自己编写的教材，精华版教材的特点就是"绝没有废话"。浓缩的课本凝结了老师们很大心血，为学生节省了宝贵的时间。例如教政治的老师，自编的教材把高中政治6本书的内容浓缩到一本，全书只有300多页，还包括了练习题。政治老师用4个月时间，讲完了高中2年的政治课。而教历史的老师用自己的方法，以时间为轴重新对课本知识进行了梳理，对于从没学过历史的我来说，这真是最好的学习方法。跟着他复习了一个月之后，我的历史成绩从入学时的十几分迅速提高到了60分。教地理的老师传授"干货"的方式更是让人叹为观止，对知识点概括到连各种连接词和虚词都省略了，笔记上基本是词语、短语加标点，不知道的还以为看见了一本词典。每次地理老师的板书大家都需要课下自己"补肉"，但补着补着就发现对知识结构和知识点越来越清楚。到最后，只要看见考题，脑子里首先反应出来的是一张巨大的知识结构图以及考点对应的序号。精华学校的老师们"先教知识结构"的教学方法大大缩短了我复读的适应期，短短两个月时间，我就迅速搭起了各科的知识骨架，月考成绩已经提高到了560分，对未来的高考，我信心倍增。

其次是对练习题的精心选择。为了提高学习效率，老师们会挑最典型的题目让大家练习。所以，只要老师留的作业按时做，每道题目都参详透彻，不需要题海战术就能取得好成绩。这一点我在复习数学的时候体会尤其深刻。作为一名理科生，我的数学成绩一直不错。但由于对新的高考题型不了解，所以入学时月考数学只考了120分。教数学的老师每节课都会发讲义，总结高考题型和考法，做了讲义上的练习题，对高考题怎么出、怎么考就了然于胸了。不知道是不是我运气好，我觉得这样的复习方法特别适合自己。一轮复习结束后，我的数学成绩就再也没下过140分。我还成了班上的"小老师"，常常协助老师给大家讲题。

第三是针对不同学生用不同的教学方法。在转学文科之前，我特别害怕背东西，但精华学校的老师总有办法鞭策我这样的懒人。例如教英语的老师，总是让大家自己讲卷子，而且往往点名让我讲。毕竟我比大家年长，要做表率就必须提前做功课，每次讲卷子之前试卷上都要写满单词翻译，这无形中让我背下了不少单词。

第四是考前讲授一些应试技巧，减轻学生负担。2014年四五月的时候，各科都开始进入考前冲刺阶段，然而这时候大家已经感觉很疲劳，想学新的知识点变得非常困难。于是，精华学校的老师开始给大家做减法。老师们把上一年考过的知识点列出来，为大家分析哪些知识点今年不会再考或者考的几率不大，从而让我们把有限的精力集中在高几率考点上。也许有人会说这种复习方法太功利，但我认为，在冲刺阶段，这样的减负方式恰恰是大家最需要的，也是最有效的。

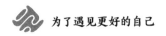

二次高考逆袭进北师大中文系

经过精华学校8个多月的锤炼，在走向高考考场的时候，我一点都不觉得有压力，毕竟"肚里有货，心里不慌"。

考前填报志愿的时候，感觉比当年学理科选志愿轻松了很多。我的二模成绩是620分，但考完之后我忽然对历史和政治有了新的觉悟，确认自己在这两科还有提升空间，再加上2014年高考第一志愿可以填两所平行志愿高校，于是我第一志愿欣然填报了北京师范大学人文科学实验班。

高考结束后，我自己估分是640分，当时就觉得北师大应该没问题了。6月23日高考出分，妈妈催着我查分，最后查询的结果是658分。听到这个分数的时候，父母同时松了一口气。从我在北邮留级开始，家里的气氛就一直很压抑，我能够感受到父母压力有多大。658分这个成绩，终于让他们悬了三年的心放了下来。

进入北京师范大学中文系之后，我的学习轻松多了，能找到适合自己的专业是莫大的幸福。我庆幸自己从小到大遇到那么多好老师，而在精华学习的经历也让我找到了自己未来的职业方向——我也想当一名老师，去启发和影响更多的人。

给学弟学妹的建议

1.关于专业：对自己未来要学的专业越早了解越好，最好高一、高二就仔细想想专业问题，清楚自己喜欢什么，未来想做什么。可以找一些大学的学长聊聊，有条件的到相关工作岗位实践一下，至少参观一下。能找到适合自己的方向是莫大的幸福，选对专业将会让你的大学生活无比快乐。

2.关于大学：一定要去目标学校转一转。每所大学都有自己的气质，要身处其中去感受它的气质，判断它是否适合自己。如果能旁听一节课就更好了。

3.关于高考复习：搞清知识框架很重要！知识框架一定要一次搭好，有了框架之后再填充知识点将事半功倍。知识点掌握之后还应注意应试技巧，筛出重要考点，好钢用在刀刃上。

4.关于考试：心态最重要。心一慌至少会丢掉20分，所以平时要锻炼钢铁的神经。不要过多设想未来的结果，努力做好眼前的功课。

选择难走的道路遇见更好的自己

从小在心里埋下名校情结的人，一般都无法接受退而求其次的安排。在是否复读这个问题上，王倩纠结良久，选择了难走的那条路。幸运的是，一年的复读不仅让她实现了北大梦，还让她遇到了几位难忘的恩师。复读生活带给她的，远远不止一张名校录取通知书。从此之后她相信：选择那条困难的路，未来你会达到连自己都意想不到的高度。

采访者：李莉

讲述人：王倩

高考时间：2004年、2005年

毕业高校：北京大学

从小心里"种草"要上清华北大

在我对大学还没概念的时候，就听过清华、北大的名字，那时候应该还是个幼儿园小朋友吧，但当时就对这两所名校有莫名的憧憬，而且那时候似乎对"清华"这两个字更加中意，自然就在心里"种下了草"。

高中时，我考入北京四中。直到高二，我都一直心心念念想上清华。四中有个传统，对高中学生要进行职业规划教育，学生要在假期做职业理想调查。于是我们纷纷涌进清华北大，找各个专业的老师和师兄师姐聊天，看看哪个专业更适合自己。经过实地走访，我对自己的未来有了大致规划，我发现自己有兴趣的专业是法律、新闻、经济、金融、哲学、国际关系这些偏文科类的专业。于是，高三分文理班的时候，我毫不犹豫地选择了文科。既然选了文科，目标自然就从清华转为了北大。更何况假期我在北大转了几圈，立刻被未名湖和静园周围的四合院人文气质"圈粉"了，仿佛到处都散发着自由民主的火花。

当时选文科还有另外一个策略性的考虑：我的数学成绩不错，即使在理科班也绝不是劣势，在文科班更算是个优势了。与其在竞争激烈的理科班为为数不多的文科专业名额火拼，不如选择文科。凭借我数学的优势，再把其他文科的科目好好背背，上北大应该胜算更大。

高考失利是否复读陷入两难

接下来，进入高三后的情况似乎跟我预料的一样，我的文科成绩直线上升，连我自己都产生错觉，以为自己已经是个优秀的文科生了。但实际上，我在高三之前从没认真学习过文科的课程。所谓"出来混总是要还的"，底子薄、没积累的弱点在高考的时候还是暴露出来了。

2004年高考，我的分数和北大的分数线差了十几分。尽管那年的判卷标准引起很多争议，但理智地分析一下就会发现，那些基本功扎实的学生仍然考出了不错的成绩。可见小聪明只能逞一时之快，关键时刻还得看真正用了多少功。没能达到北大分数线，我不得不面临人生第一个重大选择：去读其他志愿还是复读？我的二批一志愿是首经贸，专业是注册资产评估师。说实话，这个学校并非不能接受，专业也很热门，而且也在我的职业规划内。很多亲戚包括老师都劝我，不要再浪费时间复读了，以后还有很多可以继续进修的机会，考研的时候再考北大也可以啊，还可以出国啊。妈妈也担心我承受不了复读的压力，毕竟复读只是用一年的时间换来再一次机会，但谁也不能保证下一次高考我就真能进北大。但我是个很固执的人，那个从小就在心里埋下的清华北大梦如果就这样放弃，我实在说服不了自己。

一夜未眠选择"最困难的路"

那个夏天过得特别纠结，一直在复读和上大学之间摇摆不定。有一天我似乎想清楚了，下定决心要去上大学，于是跟亲戚朋友们说"不复读了"。但那天，我生平第一次失眠了，整个晚上一分钟都没睡，从天黑哭到第二天天亮。

我用一万个理由说服自己，但最终有一个坎是无论如何都过不去的，那就是，日后无论我多么成功，没在燕园度过大学四年，都会成为我心中终身无法弥补的缺口。我想起一个好朋友说的话：人的选择是有惯性的，如果第一次选择，你选了容易的那条路，那么以后你很难再去吃苦；但如果你第一次选了一条困难的路，那么未来也许你会达到连自己都意想不到的高度。我很怕自己会一直"容易"下去，我希望还是选一条困难的路，拼一次。

我仔细分析了自己的情况，觉得高中这三年，我并没有拼尽全力，如果认真复读，我还会有上升空间。另外，我是个对环境有要求的人，我希望跟有趣的人在一起，而盘点一下那些有趣的同学的去向，发现他们大多在清华北大。天亮的时候，妈妈推开我的房门，她知道我一夜没睡，她说："如果你这么不能接受的话，还是复读吧。"我点头。

当我决定要复读的时候，我能感受到爸爸的如释重负，现在他对我没能考上北大也心有不甘，只是他不愿给我造成压力，所以并没有直说，而是选择沉默，尊重我自己做的决定。

161

70多岁的老校长让我心生敬佩

当时我有个同学也准备复读，她向我推荐了精华学校。于是，我和妈妈到精华学校花园桥校区咨询，精华学校的老校长廖锡瑞老师亲自接待了我们。廖校长是四中的老教师，所以他对四中出来的学生格外关爱。我至今还清楚记得那天的情景：70多岁的廖校长仔细询问了我的情况，他关切地拉着我的手说，精华学校会给你最好的教师资源，帮你圆北大梦。廖校长向我介绍了精华的精粹班，他说精粹班的语数英不分文理科，集中高分落榜的学生和最好的老师组班。这一点特别吸引我，因为我希望复读时跟水平相近的学生一起学习，互相督促进步。但是，把一群高水平的学生集中在一起，并非每个复读机构都能做到。廖校长是真正懂教育的，他会站在学生的角度考虑。那天，他详细给我介绍了学校的情况。从他的态度和眼神中我能感觉到，他是真心想帮助我们，他办学是在做教育，而不是为了赚钱。我被眼前的老人的真诚触动了，当时就决定上精华，后来再没去看过其他培训学校。

前不久，我听说了廖校长去世的消息。我本以为自己会相对平静地接受，但我终究无法平静，我哭了一晚上。我回想起复读班每天放学时廖校长站在校门口跟大家打招呼的样子，甚至连表情和衣着都那么清晰。那些镜头一幕幕在脑海里播放，怎么都忘不掉。我这时才明白，他在我内心深处的位置是无法取代的，他是一个教育家，他对学生的感情都是发自内心的。一个老师，对每个学生每件事都用心，一辈子，真是太不容易了。我唯一欣慰的是，自己没有让他失望，我对他做出过的那些承诺，说出来的，没说出来的，我都努力实现着。只是如今他走了，我忽然觉得自己和这个世界最真诚的联系又少了一些。我知道其实我们都是彼此生命中的过客，大多数人走过便过了，你继续埋头前进，但有些人，他拉着你走了一段，便改变了方向，而廖校长就是那段最艰难的日子陪伴我引导我改变方向的那个人。

精华老师影响了我的人生观

在精华学校，让我感动的不止廖校长。在进入精华之前，我从没料到一所复读学校的老师对我的影响不亚于四中的老师，甚至会影响我一生。精华学校的老师们，给了我太多惊喜。

8月份，到精华学校上的第一节英语课，是从老师精心准备的一首英文歌开始的。那时候很多同学，包括我自己，都还没从高考失利的伤痛中脱离出来。虽然理智上已经做出了复读的决定，但精神上仍然浑浑噩噩，并没进入复读状态。旋律响起，居然是那首经典的carry on（坚持到底）：人生路上总有一些峡谷，总有一些无法穿越的河流，我知道会消沉，感到失败和虚弱，我知道会异常艰辛，亲爱的，但无论如何，我都会陪伴在你身边，我们将一起走过这平凡的生活，无论什么代价，无论路有多远，我们将踏着足迹，继续前行……歌声在教室中回荡，那一刻一定有很多人像我一样湿润了眼眶。我从心底里觉得，这个老师是懂我们的。

英语老师退休前是北京三中的英语特级教师，她是廖校长三顾茅庐请来的。上了她的课，我才明白什么叫做"特级"。她有几十年丰富的教学经验，按我的想法，老教师只需要按自己多年的教学经验，稍微改改教案就能轻车熟路地上课。但她的每堂课都是精心设计的，总是丰富而生动，紧凑却不紧张。更让我惊讶的是，老师对课堂时间的掌控几乎是以秒计算的，从不浪费一秒钟。她上课喜欢用录音机，有时候一段对话或句子需要反复播放几遍，而她每次倒带，几乎一秒不差。如果一次两次这样，也许是凑巧，但次次精准，那一定是上课前演练了很多次，能准确记住磁带上每段话的时间点。课堂上经常需要做卷子，如果卷子不止一张，老师一定不会分次传发，她总是事先把卷子按学生数量分好份数，就为节省那一两分钟传卷子的时间。仔细想想，为了这些细节，老师一节课的准备时间可能是那45分钟的十倍甚至更多！按理说，在精华教课只是她退休之后的"业余爱好"，但她永远把每件事都做得一丝不苟。英语课常会安排在上午的后两节，每次下课，她都会留下来给大家答疑。我吃完午饭回来，仍然能看到老师在讲台上给同学讲题。她的很多个中午，就这样连吃饭的时间都给了我们。面对这样的老师，你会感受到，她是从内心热爱教育的。

她对我的影响早已超出了"学英语"这个范畴，她教会我热爱也教会我责任。我从她身上看到对事业的热爱和执着，看到全心投入后的快乐。我也许永远不会成为一名老师，但她确是我事业甚至人生中永远的榜样。即使后来离开了精华学校，每当我遇到各种事情难以抉择时，仍然愿意跟她说说。她的淡定她的笑容仿佛是有魔力的，每一次都像第一课听到那首carry on时一样，我知道眼前的这个人懂我。

另一个刷新我对学习认识的老师是数学老师。当时在精华学校，他的教学方法颇受争议。他用的是启发式教学，不是用填鸭的方式教给大家公式和运算方法，而是抛出问题让我们自己思考，自己寻找答案，充分暴露自己的思维过程并在其中完善逻辑体系。这使他的数学课不像一个课堂，而更像是个讨论会。在一些人看来，这样的教学方式不适合教学任务紧张、目标单一而清晰的复读班，也许更适合普通高中，但我却对他这样的引导型教学非常适应。他的课让我感受到了数学的逻辑之美。复读的那一年，我简直爱上了数学，甚至一度后悔选择学文科。我觉得自己愿意在大学里继续研究数学，说不定以后会把数学作为自己的发展方向。于是，在此后选择高考志愿的时候，我加上了一条硬性标准：报考的专业必须学数学。我欣赏逻辑的美感，而数学无疑是培养逻辑并展现美感的最直接的手段之一。

在压力巨大、目标明确得近乎功利的复读班，还能让学生感受到学习的乐趣，像他这样的教师实在太稀有了。

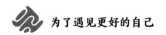
第二次高考终于圆梦北大

在老师们的帮助下，经过近一年的拼搏，我的一模二模成绩出奇地好，几乎可以说在西城和海淀都名列前茅。填报志愿的时候，老师和家长都觉得毫无悬念，肯定可以报考北大了。但经历过高考失利的我却更加谨慎了，我开始犹豫，是继续冲击北大还是选择相对稳妥的清华或复旦。我仍然担心自己的知识不够扎实，如果选择清华或复旦，心理压力也会小很多。但在老师和家长的鼓舞下，也在那个从小的北大梦的驱使下，我决定鼓起勇气拼一下。

但是第二次高考，第一个科目就给了我当头一棒。那年的语文题目特别难，从考场出来我简直要崩溃了，感觉自己复读的一年时光肯定是白白浪费了。哭了一中午之后下午去考数学，所幸数学题目并不难，考完数学我觉得自己简直能得满分，于是信心又重新回来了。

高考结束后我很忐忑，对于能否考上北大心里完全没有底。6月23日一大早，我就打电话查询分数，我的总分是605分，并不算很高，只能算是正常发挥，仍然不能确定是否能被录取。不久北京大学公布了分数线，我过线了。悬在心里的石头总算落了地，我终于要走进自己梦想中的燕园了。当时觉得，录进哪个专业都无所谓了，反正我所填的几个专业都很喜欢，经济、法律、新闻……能在憧憬多年的学校里学自己喜欢的专业，我真是个幸福的人。最终，我进入了北大法学院。

毕业后，我进入一家美国律所，然后进入一家知名的国际金融机构。就在我想安安稳稳生活的时候，去年公司征询我的意见，是否愿意被派驻到香港。我似乎又面临了当年选择复读时的情境：如果拒绝派驻，我可以在北京舒服地生活；如果接受去香港的机会，那么将面临新的挑战。这一次我像当年一样，也选择了困难的那条路。也许这样的选择方式将成为我一生中的一种惯性，但复读的经验告诉我，努力之后，你有机会看到更好的自己。

给学弟学妹的建议

1.关于心态：面对复读，心态要放平。越是功利的时候，越不能有功利心。至少以我的经验看，复读的意义远不止考上北大。复读只意味着一次机会，复读的结果可能是考上理想中的学校，也可能是再次失利。全力以赴固然没错，但也没必要患得患失，要把精力放在每件具体的事上，踏踏实实地上课、做题，你期待的结果自然会出现。

2.关于坚持：复读更像是一场长跑，在乎的不仅是出发时的勇气，更重要的是路途中的坚毅。你要面对的是一年而不是一两个月，所以不要一下就把所有的力气都用光。在学习这件事上不要吝惜自己的努力，因为跟以后很多事情相比，学习是一件最公平的事，你付出多少努力，很可能就会有多少回报。况且当你努力过后才会发现，你体会到的快感远不是结果那么简单。

真正的爱，应该彼此成就

"爱情，对于高中生，就像是一件太过昂贵的奢侈品，给不起，也要不起。"一位中学老师在给高三学生的一封信中如是说。高三这年，王岳之用自己的失败，验证了这句话的正确。

高考失利让他清醒过来，复读一年让他成熟起来。"真正的爱，应该是彼此成就。"那段青涩美好的青春回忆，永久地珍藏于他的心底，但现在他知道，它来的并不是时候。

采访者：王佳琳

讲述人：王岳之

高考时间：2015年、2016年

现就读高校：首都经济贸易大学

深信不疑的爱情竟如此脆弱

我高中就读于西城区一所市级示范校。高三那年，我在学校里很出名。不过，不是因为学习成绩出名，而是恋爱谈得出名。我和同校一个初三女生恋爱，为了多些时间在一起，我们一块逃课，而且也并不躲躲闪闪。学校老师的规劝、家长的谈心，对我们都无济于事。整整一年，就这么过去了。

然而，向全世界宣战一般的感情斗志，终于在现实的中、高考中瞬间灰飞烟灭。

我是文科生，高考考了507分；女朋友中考考得稀烂，不得不选择复读一年初三。我们因为升学而焦头烂额之际，感情也亮起红灯，女朋友和我郑重提出了分手，而且不久后就有了新男友。此时的我，似乎瞬间明白了老师、家长之前的苦口婆心：原来，我们曾经深信不疑的爱情竟然如此脆弱。

2015年的7月是在混沌虚无中度过的。我的爱情远去了，而我并不知道前路应该往何处走。

用排除法选择走上复读路

那时，我面前有四个选择：出国、人大3+2、上三本，亦或是复读一年。我的父母亲很开明，他们陪着我对这些选择逐一考察，用

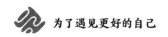

排除法做最后的决定：

出国，看上去很美，但其实没有想象中那么轻易，特别是对从高三才开始准备的我而言，因此首先排除；

人大3+2，前三年可能比较轻松一点，但如果真的想申请到国外的名校，以我的基础，并不是那么容易；

上个三本吧，走进那个学校，我整个人都觉得不甘，那种学习环境和我理想中的环境差距太大。

考虑复读，还是受到身边几位朋辈的影响。我认识的一个哥哥，他第一年高考发挥欠佳，于是就复读了一年。第二年考上了北师大。大学毕业后又考上了北大研究生。父亲一个朋友的女儿也经历过一年复读。那个姐姐高中就读于西城一所名校，但高考遭遇滑铁卢。后来，她到精华学校复读了一年，感觉从身心上得到很多呵护，第二年也考取了自己理想的大学。

这两个人的经历对我影响很大，让我开始尝试接受复读这个人生选项。

要做就做台上介绍经验的人

直到8月初在精华学校青云校区听了一场讲座，看了那么多复读成功的案例，受到了那么多老师的鼓舞，我才最终下定了复读的决心。

其实，当时的自己并没有什么信心。作为一个考500分出头的三本文科生，我对自己复读的决定也没抱多大期望。

我还记得，那是一个校长主持的新生招生会。邀请了几位进步比较大的学生，他们中有的考上了北大、清华，有的考上了比去年进步很多的大学。作为高四的学生，他们身上看不到被折磨、很痛苦的感觉，个个都很阳光，有一种巨大的成就感和荣誉感。

看着这些复读的学长，我的心里忽然生出一个念头，我和同行的妈妈说："来年，你儿子也要成为那个在复读招生会上为学弟学妹们介绍经验的人。"

很荒唐吧？当时我和这些成功案例的差距至少有70分，但只要这个念头能在复读的路上支撑我走下去，那它就是好的。

怀着这个美好的愿望，我走上了复读之路。

从毽子理论延伸到考试心态

复读最重要的是什么？我觉得首要的是心态。要说精华学校与公立学校最大的区别，那就是他们很注重孩子的心态教育。心态教育有两层含义：第一就是激发我们励志的心态，第二就是放松我们过于紧绷的心态。

在精华学校里，每周都有一个"成长驿站"的时间。每次约20分钟，有的时候是探讨一个最近很热的成长话题；有时是放一段视频或一段歌曲，之后围绕它们发表观点。

我至今还记得，第一期"成长驿站"是老廖校长讲话。老廖校长当时坐在轮椅上。轮到他讲话时，一个年轻老师扶着他站起来，面向我们全体做了一个演讲。他讲的什么，我现在已经记不起来了，但我记得自己当时热血沸腾。这样一位老者，如此郑重地面向我们这些晚辈讲话，本身就非常令人敬佩，而他的话语中，还充满了鼓舞……那一幕长久地留在了我心中，现在偶尔还会想起。

除了给大家鼓劲，老师们还教我们学会放松和舒缓心情。精华学校的政治老师就特别喜欢"与民同乐"。每天中午午休一个多小时，只要风不大的时候，他都会和我们一起踢毽子。尤其是一圈人围在一起数数的时候，我们会感觉特别放松。他用行动告诉我们，人不能永远一头扎在书本里，要有张有弛。

政治老师还从毽子理论延伸到考试心态，他的名言是："一模考试啊，大家就像踢毽子一样——越担心接不着，越接不着毽子。所以啊，放开了考，成绩不会差。"

高考作文44分背后的秘诀

精华学校文综办公室里有一句话：教育是事业，事业的意义在于献身。在精华学校里，确实有一批敬业奉献的老师。每当看到精华学校这些敬业的老师，我总是想，我也要做一名敬业的学生！

　　精华学校要求每个老师一周有一天晚自习答疑，而政治老师，一周四天晚自习，每天都答疑，从下午6点半到晚上7点40分，还经常9点多才回家。学生有问题，随时可以去问他。

　　政治没有地理那么灵活，也没有历史那么多东西要背，加上很多学生对政治生活、经济生活都不是很感兴趣，所以它可能是文科中比较尴尬的学科。但老师会通过一些小口诀，结合一些事例，让我们学会在联系实际中学习政治。前两天，我遇到他时，他还告诉我，他结合最近很火的共享单车出了一道题，让大家从经济生活的角度，或者从文化生活的角度，来讨论共享单车。而这种联系实际的教学方式，不仅能让学生更感兴趣，也符合现在高考的趋势。

　　语文老师也给我留下深刻印象。我在中学时，作文曾经拿过奖，还在报纸上发表过文章，因此我对自己的作文一直感觉良好。我觉得我的高考作文怎么也能拿个40多分，可实际上呢，每次都是三十六七分。但我觉得，之所以出现这种情况就是因为老师觉得我不是好学生，故意不给我高分，哪怕我写得挺好。直到遇到精华语文老师，她才告诉我，我的作文写得有多烂。我记得有一次，我的作文一天之内改了三次——800字的作文，几乎相当于重写了三遍，而我的分数也从38分改到了46分。从那次之后，我的作文再也没有下过40分，我终于明白了自己的差距在哪里。最终，我的高考作文得了44分，我非常感谢我的语文老师。

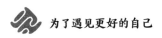

高考成绩一年提高了102分

如今回首在精华学校复读一年的时光，精华对我最大的影响，还是这里的氛围。想混的，在这里都混不起来，大家拧成一股劲儿，都想考上自己心仪的学校。

在这种浓郁的学习氛围下，每位同学都积极学习，在课间更多看到的是同学们互相讲题，互相检查背诵默写。像我这样意志力不是很强的孩子，实在是受益匪浅。一年过去，我的高考成绩比上一年提高了102分。

在精华学校，我提高了自己的成绩；也是在精华学校，我从叛逆的少年成长为了稳重的青年；还是在精华学校，我的梦想终于实现。

如今，离开精华踏入大学校园，但心中除了无限的想念，更有那无尽的感激。

给学弟学妹的建议

1.关于复读环境：在选择复读环境上，我认识的那位哥哥给了我一个很重要也很适合我的建议：他希望我尽量选择一个和自己高中类似的环境开始复读，所以我最后选择了精华的花园桥校区，这里的班和我原来的高中也很类似。我在其中感到比较熟悉，比小班教学更容易适应。

2.关于学习方法：每天拿出半小时左右，专攻你近期的弱势学科。首先，这需要我们时不时对自己的学科综合水平进行梳理。比如最近数学不好，我们就可以把数学的难点问题梳理出来，并设计安排每天复习的内容。如果是公式没记牢，那我们第一天半小时就先集中记公式；第二天做与一部分公式相关的题目；第三天做与另一部分公式相关的题目……这种做法，实际就是学习掌握"整体与部分"的关系。在单一学科里，我们需要找学科内的弱势部分；在几个学科中，我们需要找相对弱势的学科。部分提升了，整体也会提升。而每天安排半小时，在心理上也会给我们一个积极的暗示，就是我在这个学科上投入更多精力，一般而言学习效果会更好。

3.关于早恋：现在偶尔我们也能看到报道，说某某状元和榜眼是男女朋友，但这毕竟是极少数。不可否认，高中生会很憧憬和异性之间的友好关系，但问题是，以我们多数人的自制力，一旦开始就很难控制。感情与学业兼顾，对于多数人而言并不现实。我觉得，在高中或者高考之前面对这样一段感情的时候，应该先冷静下来，仔细想想看：自己和TA以后能走多远？是不是高考之后再交往，两人能走得更远？以我个人的经历，如果再给我一次机会，我觉得我会选择先把高中的这段感情搁置一下，会选择在高考之后再去跟女生接触。因为如果你过早地恋爱，很可能是一个彼此耽误的过程；而如果你能在自己有能力的时候与别人恋爱，也许才是一个彼此成就的过程。真正的爱，应该彼此成就。

三年艺考让心里的种子开出花

　　浑浑噩噩地混过初中和高中，因为不想上文化课而选择学美术，却因为美术老师的一句话打定主意要考央美。为了这颗埋在心里的种子，张冠初付出了三年的宝贵时间。艺考受挫，他差点儿选择放弃，但"不能一事无成"的信念支撑他度过了最难的日子。也许是上天看到了他的努力，最终，他的专业课和文化课都擦线而过。如今，他如愿考入梦想的大学，但他却说不清当年的坚持是否正确。

采访者：李莉

讲述人：张冠初

高考时间：2011年、2014年

现就读高校：中央美院

心里埋下了一颗种子

我从小在单亲家庭长大，跟着爸爸一起生活。他不太会教育孩子，唯一的教育方法就是给孩子花钱。

从初中开始，我就没认真上过课，高中进了一所私立学校，高一高二基本没进过教室。到了高三眼看面临高考，想到艺考生文化课要求低，而且不用拴在课堂里，于是我选择了学美术。其实我只是在六七岁的时候凭兴趣学过一阵子画画，并没有接受过什么专业训练。高三选择学美术，基础差得远，常被一起学画的同学笑话。

就在我陷入迷茫困境的时候，我的人生中出现了一位指路人——教我美术的老师。也许因为年龄差距不大，又同样是单亲家庭长大的，他似乎特别能理解我的感受。他经常安慰我、鼓励我。有一次，他在督促我好好学画之后说："我跟你说的这些话也许不会马上有效果，但我相信会在你心里埋下一颗种子。"这句话像一只锤子，忽然敲开了我心灵的一角，我从这句话里听到了真诚的期望，我的眼泪不由自主地流了下来。当时，我就暗暗下定决心：一定要像他一样，考入中央美院！

美术老师的那句话真的像一粒种子一样埋进了我的心里。此后几年的学画和备考经历中，每当遇到困难或者夜深人静的时候，我常常会问自己：我的种子什么时候能开出花？

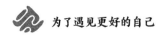

两年转遍了京城复读班

2011年，我参加了高考。由于文化课基础太差，我的高考成绩只有200多分，美术专业课也没有过。当时我已经打定主意复读，央美是我唯一的目标。

然而，央美的美术专业考试实在太难通过了，2012年、2013年连续两年我都因为艺考没通过而不得不放弃高考。但两年间我几乎转遍了北京所有的高考复读机构，不管是大班、小班还是一对一课程我都上过，钱花了不少，却没有任何效果。

我是个自制力很差的学生，如果自己在家写作业，往往写完一道题我的大脑就会自动释放"我累了"的信号，然后就打开手机开始玩游戏、刷朋友圈，时间就这样刷刷地飞逝而过。最后，手机看累了，大脑就会释放"该睡觉了"的信号，于是作业就被扔在了一边。这样的自制能力在大班上课，就像被放养一样，因为没人管，所以几乎什么都学不进去。后来，爸爸也发现了我的问题，于是花重金给我请一对一教学的老师。每天上午、下午都单独授课，一天的时间被安排得满满的，而且时刻被老师盯着，我觉得特别疲惫。基础差再加上对学习的厌烦，一对一课程也上得没有效率。

在精华学校找到了学习状态

2013年8月，我转入精华学校，进入小班学了两个月的文化课。奇怪的是，在精华的课堂，我居然能踏实地进入学习状态了。

我发现，在精华学校，周围的同学都是一种"想学"的状态，身处其中不由自主地就会产生紧迫感，觉得自己也该努力学习。精华学校的老师特别认真负责，他们能顾及每个学生，了解每个学生的弱点，有针对性地给出建议。另外，学校给每个班配了班主任。对我这种自制力差的学生来说，班主任的存在很关键。班主任会跟着一起听课，这样在课堂上随时有人盯着我，让我没法自由散漫。班主任平时很和蔼，可是一旦违纪被抓包，老师立刻一脸严肃，这样的心理压迫对我这类学生很管用。我原来有抽烟的坏毛病，最初在精华学校上课的时候，会在课间偷偷过过烟瘾。但班主任老师时常神出鬼没地来检查。被逮了几次现行之后，我就不敢再偷着抽烟了。班主任"杀死人"的眼神还是很有震慑力的。

艺考结束我差点儿跳楼

在精华学校上了两个月的课后，2013年10月，我暂时离开学校专心准备艺考。那段时间我变得非常焦虑，并且严重失眠。每天晚上一躺在床上就会想很多很多事情，想得最多的是"如果今年再考不上

怎么办"，常常到深夜三四点还睡不着。由于睡眠不好，白天精神也很差，而这样的恶性循环让我更加焦虑，甚至开始担心"如果两天不睡觉会不会猝死"。我知道，要想顺利完成高考，就必须摆脱这种状态。于是努力调整生物钟，白天无论多困我都不睡，晚上强迫自己不要瞎想、放松心情。抗争了很久之后，失眠问题总算渐渐好转了。

2014年4月，艺考成绩发布。已经失败了三年的我没有勇气查询艺考分数。最终是爸爸帮我查了成绩，但接到爸爸电话的时候，我还是瞬间崩溃了。我的速写成绩没及格。央美的录取会按总分排名，想到"一分一操场"的激烈竞争，我觉得今年又要与央美失之交臂了。那一瞬间，感觉支撑自己的最后一股劲儿崩塌了。攥着手机，站在四楼阳台上，真想纵身一跃摆脱所有烦心事。

从小到大，我一事无成。想到这一点我就觉得不甘心，真的就要这样在人世间白白走一遭吗？之前，3月艺考结束后，我就回到精华学校继续学文化课了，刚刚觉得自己进入了学习状态。我想，我总得做成一件事吧，我必须做一件事证明自己可以啊。思前想后，我决定，不去管艺考成绩，不论艺考能不能过，先把文化课补上来。

3个月数学提高60分

3月高考一模，我考了310分，数学成绩最差，只有30多分。幸运的是，我在精华学校遇到了一个很好的数学老师。再难的题，他都能用简单的方法教会我们。他自编的练习册简直就是"红宝书"，他选的习题都很有代表性，能帮助我们触类旁通。当时我有三四本数学练习册，随时拿起来做，题目做了几遍之后就发现，只要核心定义理解了，答题其实挺简单的。数学也不像我以前认为的那么难。6月高考，我的数学得了92分。

教历史的廖中扬老师让我在文科学习中打开了思路。廖老师对高考改革方向研究得很透彻，近几年高考侧重联系实际、学科融合，廖老师上课的时候常常把知识点与实际问题结合起来讲，还经常从经济学角度分析历史问题。这种旁征博引、触类旁通的讲课方式让我们的思维方式有了变化，答题的时候思路更加开阔，这使我在文综考试中受益匪浅。

2014年高考，我总分考了404分。

踩线录取进入央美

7月2日，中央美术学院终于公布了录取分数线。其中文化课成绩要求为：总分400分，英语70分，语文80分。我几乎所有成绩都擦线而过，总分404，英语72，语文81。让我惊喜的是，我最担心的艺考成绩居然也恰好踩线达标！我清楚地记得美院录取网页上的那句话"美术专业成绩录取至500名，其文化课成绩为404分"。我就是那第500名，404分就是我！当时看见这段文字的时候简直有

些不敢相信，我就这么踩线录取了！三年的努力和等待终于尘埃落定，这么多年一事无成的日子终于划上了句号。

我给美术老师打了电话，告诉他我终于成了他的校友。他很平静地祝贺了我，然后说："其实不用这么固执地考这么多年，这只是人生的一个阶段，本来不用那么跟自己较劲。"

如今，我已经大三了，回头想想他说的话，觉得也许他是对的，或许当初我可以不那么固执地坚持，可以选一所其他院校早点儿上大学。但我现在仍然不后悔。人生的路有很多条，在每个阶段我们会有不同的想法，但我们永远都会感激自己曾经的努力和坚持。

🎖 给学弟学妹的建议

1.关于选择：做成一件事没那么简单。当初我只是为了逃避上课，一脚就踏上了艺考这条船。现在想想，是对自己的未来太不负责了。我用三年的时间把这条艺考路走通，而这件事也提醒我，以后再做任何决定，一定要想清楚。

2.关于压力：其实很多压力都是自己造成的，就像我准备艺考时的失眠。给大家的建议就是，别想得太远，不要担心那些还没有发生的事情。因为担心不仅毫无用处，还会影响你目前的状态。你需要做的就是干好眼前的事儿。

3.关于复读：不建议多次复读。应该对自己有理智的认识。不要把某所院校过多地神话，非它不上。成功的路有很多条，年轻的时间很宝贵。虽然我是盯着一个学校考了三年最终如愿的，但我仍然痛惜为此付出的三年宝贵时间。

破釜沉舟，放弃名校，
复读上北大

上高三时，张羽萱父母的身体相继出现问题，家里一片低气压；加上她因早恋被父母管教，出现逆反心理，导致无法全身心投入学习，高考成绩离北大分数线差了十来分，被另外一所名校录取。

望女成凤的父母希望她重新再战，她也觉得自己有提升的空间，又不喜欢被录取的专业，于是放弃那所名校，进入精华学校理科精粹班复读。第二年，父母的身体状况转好，没有思想包袱的她也如愿考入北大。

采访者：任洁
讲述人：张羽萱
高考时间：2015年、2016年
现就读高校：北大化学系

父母力促我放弃大学选择复读

我第一次参加高考是在2015年，考了681分，在全市排900多名。发挥基本正常，只有英语没考好，平时140多分，这次才137分，主要是"七选五"考砸了，作文也没写好。

我是那种平时题目比较难，别人考120分自己能考140分的人；但是如果题目出得简单，区分度小了，别人考到140分，我只能多考出三四分，抓不住最顶尖的难题，也就是金字塔最尖的一点点，跟别人的分数区分不开。

当年首次实行大平行志愿，以前学校的分数线基本上没有什么参考价值。我没考上第一志愿的北京大学，而是被另外一所名校的中法工程师项目录取，这是我报的第六志愿。除了这两所，我还报了人大、中科大什么的，可惜分数线都不够。

当时也不知道自己是怎么填报专业的，听说被录取后才去查了一下，原来进去后第一年先学法语，之后用法语授课，毕业时可能还要与一家公司签约，当若干年的工程师。我觉得自己语言不怎么强，学起来可能很弱，而且不太想毕业一出来就给某个公司打工，想做一点自己能做的事情。我挺理想化的，想当科学家，所以实在不喜欢这个专业。

班主任、年级组长跟我爸妈说，他们觉得我有实力上清华北大。一落榜，爸妈有点不甘心了。那所名校八月十几号就要军训，可爸妈一点为我打点准备的意思都没有，完全没有动静，成天在家

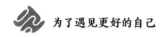
唉声叹气，完全看不出来我要上大学了。

我本来没有太多心理压力，还出去玩了一圈，看到他们这样，心里特别别扭，忽然有一天就决定：既然你们这样，那我不上大学了，找个复读学校吧。反正高三那年没好好学习，还有提升的空间，再来一年也没啥。其实到最后做决定，主要是看父母。我考虑的过程也就一个星期，纠结的是不知道再读一年能不能考上清北。

爸妈当年也复读过，那是因为第一年没考上大学，和我不是一个性质。我不怕复读，不像很多人那样，一想起要复读就特别痛苦。之所以不怕，是因为高三这一年不算太难受，过得还挺轻松，每天休息都很正常，没有付出太多精力。

父母生病影响高三复习状态

一直以来，我的求学之路都挺顺畅的，没有什么起伏。小学和初中都是在大兴上的，学起来很轻松，没有使出浑身的力气。从小数学就好，能被老师请上讲台给全班讲解难题。开了物理和化学课后，排名更靠前。但是大兴条件有限，不像城里名校的孩子，学有余力时可以去参加竞赛，我们没有那个环境。初中内容不是很难，没事干我就玩。中考分数排全区第11名，顺利考进西城区一所市级名校。

我们高中很牛，但没有让人压抑不舒服的氛围，高一高二活动还挺多的，到了高三才开始封闭学习，不让我们参加校园活动，但是可以参加体育锻炼。我特别爱打排球，还有乒乓球，经常去打。

我上的是普通班，年级综合排名在100名左右；理综、数学比较好，在班里能排到前列，但语文成绩一直排倒数，一般110多分，有点偏科。因为我不太愿意学语文，不在这方面用功。

我从小就不太喜欢看书，而且小时候听别人说过"理科学得好的孩子聪明"，无形中给了自己一个心理暗示，想着要把理科学好证明自己，精力都花在理科上面了。语文成绩比较差，怎么都提不上来。

爸妈从小给我的压力不大，没怎么管过，顶多会讲一些道理。我妈原来在外资企业上班时特别忙，天天见不到，我没起床她就走了，我睡着她才回来。他们也不像现在很多家长对孩子的学习看得那么紧张，没怎么给我安排习题。小学、初中，我都没上过辅导班。

上到高二，我早恋了，因为谈恋爱有点影响成绩，学习状态好像不如原来了。这个情况被老师和父母发现，他们挺紧张的，看我的成绩上不了清北，所以唠叨得比较多。

我很反感家长管我，可能有点青春期逆反心理，觉得爸妈之前一直不怎么管，怎么突然开始干涉我了。这么多年我都是在学校住宿，习惯自由、无拘无束了，这一管严了特别不适应，就从高中搬出来，在外面租房住了一段时间。

到了高三，家里情况有了变化，父母身体先后出了问题。我特

别不开心，很为他们担心，自己常常把可能出现的不利后果放大。因为生病，父母的心情也会不好，我受的影响很大，烦的时候就和男朋友吵架，结果心里更压抑，没心思读书，甚至都不太想学习了，虽然跟着老师复习，但也没有多少提高。

那段时间，年级总人数为400多人时，我排在100多名；部分同学分流到国际部和文科班后，理科班人数降到200多人，我还是100多名，实际上是退步了。我动过出国的念头，但爸妈不愿意我去国外读大学，说一个女孩子本科就出国，他们不放心。我觉得有道理，就没再琢磨出国了。

来精华学校后终于对阅读产生兴趣

既然决定复读，我就开始找学校。原来听同学说起过精华学校，又查了一下资料，觉得在这儿读，将来上清华北大是很有希望的。2015年8月，我以全班第一的身份，进入理科精粹班1班这个最好的班复读。后来班上又来了一个高考687分的同学，也是退学复读，第二年考上了北大信息科学技术学院。

精华学校对我帮助最大的不是学习，而是其他两点。第一点是我终于能看进去书了，这主要是受班里氛围的影响。大家都在看书，我的室友就看了不少书，老师也有阅读的要求。我们班很多同学对语文特别上心，看书写诗写文章，是他们带动我对文学产生了兴趣，原来母校班里语文好的同学没有复读班多。我先后看了《红楼梦》《穆斯林的葬礼》《百年孤独》等文学经典作品，那么多年看不下去的，这一年全看了。阅读量上去了，作文逐渐能写进去了，一周至少写两篇，保持了好长一段时间。

因为我偏科，班主任就安排我当语文课代表，他是看学生哪科明显很差，就让其当哪科的课代表，刺激一下，这个做法特别有帮助。原来我做语文题特别没耐性，答题也烦，不想做阅读，不想写作文。但作为课代表，我需要经常找老师，交作业、改作文、拿东西之类，不再像以前那样上完就走。找的多了，开始交流，逐渐习惯别人改作文时也在旁边听着，答题开始有思路，有自信了。最后，语文高考提高了10分。

每周"成长驿站"特别能加油打气

第二点跟学习没什么关系，是妈妈说我复读完懂事了不少，长大了，知道关心他们了，这个变化跟老师教的有关系。像语文老师和班主任老师都教过我们为人处事、与家人相处的方式等，不是长篇大论地讲道理，而是从身边小事引出来，让人特别能接受。

精华学校每周一都有班会，称为"成长驿站"，平时是从电影或新闻报道中截取一段视频，讲一个励志小故事；考试前就进行动员，教大家怎么复习、调整心理。视频是由学校准备的，每个班每

周轮流派人上台讲话，谈感想。

我觉得这个环节特别好，到现在还记得视频里的一句话："你要渴望一件事情，像渴望呼吸一样。"那时正是上半学期有点手忙脚乱的时候，想上清华北大的愿望很强烈，这句话特别能加油打气，有种"打鸡血"的味道。

在精华学校读书跟原来上学不太一样，没有什么乱七八糟的杂事，大家都在学习，过得比较单纯。老师也很好，主动和我们聊天，问问最近状态如何，这次考得怎么样之类，特别有耐心。感觉精华学校的老师更关注我们的生活，而不局限于学习，还会组织一些活动，比如拔河、跳绳等。

高三那年，我们家整体氛围不太好。但是，复读的时候爸妈都很开心，可能是因为他们身体变好了，心情跟着转好，不顺的状态过去了。我的心情好了很多，可以专心学习。

我在精华学校的作息很规律，每天晚上11点多就睡了，学习效率很高。这里老师讲的程度难于高考水平，所以再看高考题，就会觉得很简单。

复读一年变得更加正面阳光

复读期间，我英语的提升也很明显。英语老师会教授一些应试方法，比如说建议我们在考试前很短的时间里准备好提纲来看，考前一小时能看完的那种，等于把重要知识点过一遍。我也把这个方法用在其他科目的复习上。

我之前对英语没有系统学过语法，老师把语法有条理地分模块讲给我们听，每一块都配好多题，还有错题回炉部分，帮助大家系统地掌握知识体系。他给的题目挺难的，全学下来语法分数基本上都能拿到。

第一次高考写英语作文时，我可能是因为紧张，把开头写得特别长，后面就没地儿了。后来就吸取教训，很注意段落的控制，会打草稿，每一块写多长时间都提前控制好。

离高考还差两个月的时候，我突然有点恐慌，担心万一没考上清华北大，跟爸妈怎么交代，那就白复读了。但很快我想到复读一年还是很值得的，不管成绩有没有提升，真的在精华学校学到了很多东西，自己变得更加正面、阳光，然后忽然就想明白了。忐忑的心情持续了半个月，调整之后就很顺地走下去。

第二次高考理综比前一年难很多，但我发挥得很不错，语文和英语作文部分答得特别好，最终考了678分，加上"博雅计划"的加分，总共698分，顺利考上了北大化院，学化学。这是我复读时一直念叨的专业，因为喜欢做实验。这个专业一般都会读到博士，基础专业就是这样，学完本科是不够的。

给学弟学妹的建议

1.关于专业：如果没学过竞赛的话，尽量不要去理学部，太难了。挑自己喜欢的专业，好多人想考经济、金融这些热门专业，但不是真心喜欢，而是为了就业或赚钱，考上后就会觉得很无聊、不舒服，因为没兴趣，甚至会学不下去。如果有时间跑一跑，可以去大学里走走，看看这个专业是干吗的；再找学长问问，多搜寻一些关于专业的情报。

2.关于大学：如果你决定了学某个专业，可以去偏重于这个专业方向、办得比较好的院校，比如想学财政金融的，可以报中央财经大学；要不然就去一所综合型大学，这样还有机会学其他专业。北京人比较偏重报考在京高校，其实不是非要留京的话，可以考虑外地院校，因为北京人考外地学校分数上是有一些优势的。但是如果你独立性没有那么强，一个人异乡求学会很痛苦。要想清楚，去外地可能要一个学期才能回家一次，万一中间出了什么问题，连个躲的地方都没有，都要自己解决。要把困难事先想清楚，看自己能不能独立生活，再决定是否报外地高校。

3.关于高考复习：刚开始就跟着老师系统复习，有机会的话还是自己看课本，因为现在的高考跟以前的不一样，会考很多之前没有看到过的书上的内容，翻书要看仔细一些。到最后刷题时要关注一些新的东西，因为模拟考试题型可能跟高考不同。名校学生可以跟着老师走，普通校的学生有必要出来上上课，因为老师要顾及大多数学生的平均水平，如果你想提高的话还是有必要报个班的。

4.关于考试：高考那几天要提前规划好作息安排，比如什么时候吃饭，中午是否休息，晚上几点睡觉，什么时候放松一下，提前都想好。考试当天中午时间短，但是考完上午科目后，中间不看书会特别心虚，那你可以事前做好一份清单，把一些知识点写在一张纸上，不用很多，就写十分钟或几分钟能看完的东西。因为知识本来就在脑子里，这时候看一眼，可能思路就转过来了，然后对自己会很有信心。或者可以拿一本书随便翻一翻，起到心理安慰的作用，调整一下状态。考场上可能会遇到没见过的题型，有的人直接就懵了，浑身开始冒汗。其实，每个人第一眼看到这种题都会忽然慌神。我也会这样，完全看不懂题目在说什么。这时候不能慌乱，尽量冷静下来，不要想其他的，只考虑怎么做出来，什么知识点适合答，发挥出最好的水平。写作文时最好能打草稿，来不及的话也要搭出框架，写几个关键词也是好的。

再战来年，弥补"一分之憾"

    2013年，张元曦以一分之差错失清华大学，被第二志愿北京交通大学录取。思忖再三，心有不甘的她决定来到精华学校复读，再给自己一次机会。一年之后，傲人的成绩不仅帮她弥补了这"一分之憾"，还将她引入了建筑这一全新未知的领域。生活，本来就是处处意外，又处处惊喜。

采访者：牛伟坤

讲述人：张元曦

高考时间：2013年、2014年

现就读高校：清华大学

一分之差错失清华

我2013年参加高考，那会儿是出分前填报志愿。我平时一般都能在年级里考个十几二十几名，所以大家都觉得我考个清华应该是没有问题的。当时报考了清华大学的数理基础科学，想着本科学一个数学相关的专业，研究生转去其他专业会比较容易。结果清华大学当年的录取分数线是691分，而我考了690分，最后被第二志愿北京交通大学录取。

到底要不要复读？这个决定做得很纠结。一开始，我是决定不复读的，因为仔细想想，一旦选择复读的话，会有很多不确定的因素；而且自己也很担心复读时的状态说不定还不如高三时的状态。另外，读一年高三也挺累的，压力也会更大，很担心自己会受不了。但是另一方面，自己又觉得挺不服气的，总觉得如果自己正常发挥是可以考上清华的。

爸爸妈妈在这件事情上的意见不太统一。爸爸支持我不复读，他觉得大学读什么学校虽然挺重要的，但是不会决定你的未来。相比之下，妈妈的态度很坚定，觉得只差一分，实在太可惜了。在我妈妈看来，第二年考得再差，顶多跟第一年的结果是一样的；而且还有机会考虑填报香港那边的学校。所以，再复读一年，也不会有多大损失。妈妈最后一个说法打动了我，心里虽然还在摇摆，但是天平开始向复读这一边倾斜。

于是，妈妈开始为联系复读学校奔走。她的同事推荐了精华学

校，另外我们听说有一些高中的名师在这里兼职任教，所以觉得很有好感。另外，虽然是复读，还是希望能跟高中的感觉差不多，这样才能更好地适应，也比较有利于学习和心理的建设。一家人考察之后发现，精华学校的课程安排、日常作息几乎与高中时一样，生活很规律，管理也很安全，妈妈觉得很放心。

调整心态再次出发

其实，现在回想起来，我第一年高考的考题是偏简单的，发挥失误很大程度上是因为自己考试时候太紧张了。我觉得，可能跟我们当年高考加分的人特别多也有关系，当时我身边所有优秀的同学几乎都有不同的渠道拿到各种加分。读高三的时候每天过得都很压抑，感觉身边所有人都有机会去清华、去北大，这对我造成了一定的压力。

反观我自己，也去考了自主招生，但由于没好好准备，没有考好；"三好生"对体育卡得特别严，而我体育又不太好，所以差一点点又没评上"三好生"。另外，在老师看来，我的成绩还可以，正常发挥上个清华肯定没问题，就觉得我不需要在乎加分这些事情。这对我来说反而是个变相的压力。

复读这一年，心态还是发生了很大的变化，一整年的复习反而比自己高三一年要放松得多。我还记得刚开学没多久，学校就发了卡片让大家填自己的目标学校，我负责收集大家的卡片。当时顺便看了一眼，感觉大家都充满了信心，充满了期待。本来以为复读不会特别开心，甚至会比较惨，但没想到自己一年下来过得还挺愉快。

这种愉快感主要来自三个方面：

一是跟老师们的相处特别愉快。我们的班主任不是那种督促学生特别紧的老师，反而会给学生留有一定空间。我记得自己二模的成绩很差，比其他几次考试成绩都要差。我们班主任并没有说什么，而是爽快地安慰我说不用在意。老师这种"不在乎"的态度，让我觉得他们没有因为这一次的失利而怀疑我的实力和水平。我们大家都和班主任特别亲，完全没有师生之间的那种隔阂。直到现在，我们还经常聚会。

二是跟同学相处得很愉快。课堂气氛很活跃，风气也特别好，彼此之间很有信任感，对于学习的诀窍也不会藏着掖着。比如，我们周围四个人经常会分别总结知识点之后进行汇总来共享资源。

三是精华学校本身的复读模式，课程设置和时间安排都很合理，不会强行要求大家晚上自习到很晚，并不鼓励学生熬夜。

查漏补缺稳固提

复读显而易见的优势是，之前的基础很快就能找回来，然后在

这个基础上进行查漏补缺，提升加强。

比如说英语，之前我的英语成绩特别不稳定，忽高忽低。那是因为我原来在做一些完形填空或者阅读理解的时候，很不擅长在逻辑上进行梳理和分析，所以答题更多靠的是运气和语感。复读的时候，在老师的指导下，我会比以前更能理性地去分析题目，得出更加稳妥和靠谱的答案。我们的英语老师一般会安排学生自己讲题，虽然这道题你可能本身是做错的，但是在被"强制"的情况下，在尝试自己分析为什么选A不能选B的过程中，也就渐渐学会了思考，判断和分析能力也在无形中慢慢被培养起来。因为在完形填空中，最容易错的大概就是给你几个差不多的词汇，单独看的话，可能在这句话中填哪个词都可以，但是结合上下文的分析，会帮助你找到最恰当的答案。在这一年里，我上下文联系和逻辑分析的能力得到了很大的加强。

有成绩稳定下来的学科，也有提升幅度很明显的学科。来到精华学校之后，我成绩提升最明显的学科是语文，老师在作文和阅读上带给我很大的帮助。比如，之前写作文还挺混乱的，虽然经过了一年，自己梳理得也没有那么清晰，但是与一年前相比，已经有了非常大的进步。这种逻辑的训练，一方面是通过在课上大量的阅读来实现的。那会儿在考试中对于阅读的重视已经开始冒头，但还没有现在这么明显，精华的老师们已经非常注重对于我们阅读素养的提升。另一方面，老师还经常在课堂上举行小辩论。找一些时事的热点或者话题，来促进我们的思考。我们那个时候写作文，还是以议论文为主，阅卷老师可能希望在你的试卷中看到一种辩证的思维。所以，对时事话题的辩论和讨论会让我们的思维开始变得越来越开阔，对于写作无疑是非常有益的。在训练了自己思辨能力的同时，小辩论也让校园中的我们随时与世界联结，不至于"一心只读圣贤书"而与世界脱节。

另外，我觉得语文的阅读还挺需要老师的引导的。阅读理解作为一种考题出现，还是有一定的考察意图的，这样就存在着一定的答题技巧。因此，老师的指导其实是挺关键的。精华的老师会帮我们发现阅读题的一些规律，然后分析作答。比如，阅读理解题一般会分为几类，一类是赏析型的，针对一段描写分析为什么写得好；另外一类是选择题，通常是五选二，符合文中描述或者不符合文中描述的，这种题我觉得还挺难的，因为题目往往会出得比较微妙，藏得特别深，要不就是一种逻辑性的错误，还挺难发现；再一类是考察中心思想；最后一道题往往是开放性的题目，让你结合自己的例子谈感想。

高三时开始第一遍对知识的梳理，复读时是第二遍。这两年在复习和答题心态上有很大的不同，第一年可能主要是为了掌握一些基础的知识点，不会深入到细节去做过多的了解；但是到了第二年的时候，因为已经有了第一遍的基础，所以就可以关注之前关注不到的东西。以数学为例，之前的目标是要把所有的基础分都拿到；复读以后就会更加注重一些更难题目的训练，让自己的总分更高。比如说数学的最后一道大题，通常会有三问，之前只能做到前两

问，但是在复读的时候我会努力尝试做到第三问。另外，在复读的时候因为有的题在高三已经做过了，所以我开始有时间给自己一些额外的训练，比如把全国其他省份的难题都找来做。这样的训练在成绩上得到了最直接的体现，第一年高考自己数学考了140分多一点，第二年就考了147分。

在理综方面，我觉得自己也是有提升的。当时的物理老师跟我的高中物理老师很像，所以在教学方式上很适合自己。化学老师有一套很赞的方法，他把很多知识点整理成有规律性又很好记的东西，在讲题时会把相关的知识点都给串联起来。而且化学老师还会做很多补充，有的知识点可能不是课本以内的知识，但是在考题的题干中会在几年内频繁出现。化学老师会将题干的内容与课内知识相结合，这样我们再碰到这样的考题时，就不会感到陌生，答题也会更从容。

再上战场，胸有成竹

复读一年，自己考试的心态也发生了变化。读高三的时候对每次考试都特别重视，一模、期中、二模、期末……每次都特别紧张。等到复读的时候，我终于意识到了平时考试的意义，它们只是一种练习，是平时学习成果的一种检验，真正起作用的只有最后的高考成绩。因此，没有必要在平时考试时就以会决定自己命运的心态去参加。

一旦到了真正高考的时候，自己还是非常紧张，还是会担心如果再考不好那该怎么办。虽然最差也不过是跟第一年结果一样，但是毕竟还是不想跟第一年结果一样。既然选择了复读，既然我愿意选择花一年的时间来做这样一件事情，还是希望能有一个好的结果。

对自己高考心态有些帮助的是，我拿到了自主招生的加分。那一年的自主招生，我没再像上一年那样选择数学和物理，因为没有任何竞赛的基础，选这两个学科的考试并不占优势；我选择了数学和语文，虽然在上面投入的精力也不是很多，也没抱太大希望，但是就觉得既然有机会那就试一下，没想到反而就拿到了加分。我觉得，能拿到自主招生的加分，跟自己这一年语文水平的提高肯定是有关系的。

有了自主招生的加分，自己考试会变得踏实一点儿，但是我自己心里也清楚，如果对这个加分产生心理依赖，反而容易考不好。

我还记得高考那几天，刚好是法国网球公开赛，因为时差的关系，比赛直播的时间是在晚上。我白天在家自己做题复习，晚上的时候看了比赛。比赛赛制是三局两胜，我最喜欢的球员莎拉波娃在第一局输掉，后来逆转取胜。我觉得特别励志，自然而然地会联系到自己的处境，感觉是个祥兆，更加相信还是要坚持到最后，才知道自己有没有机会。这对我心态调整也还是挺关键的。

第二年，自己放弃了前一年的数学专业，选择了建筑，其实也跟自主招生有关系。因为我作为理科生自招报了语文，所以使用加分时会在专业上有所限制，必须选择文理兼招的专业，经管、新闻这些太文科的专业，我觉得并不太适合自己，所以最后选择了建筑。

我之前从来没有想到过自己会学建筑，所以，很多时候，阴差阳错的一小步就会带来你人生轨迹的改变。我特别感谢精华学校，感谢学校的老师，感谢和我同甘共苦的同学。因为你们，我没有觉得这一年是煎熬；因为你们，我的人生又多了新的精彩。

🏵给学弟学妹的建议

高考对你们来说，虽然是一件很重要的事情，但也并不意味着这一次考试就能决定你的未来是怎样的，希望你们以一种放松的心态进行考试。即便是高考之前觉得自己的复习并不是那么完备，也不要过于忧虑和紧张，要相信自己，通过这么长时间的积累，一定是可以应付得了高考的。在高考前的最后几天，我建议大家不要把自己搞得太疲惫，适当安排复习，保证自己对考试有一定手感，每天做适量的题形成一定的规律。高考前，越有规律越好。

从留学生到复读生

2014年暑假前，她还是英国基尔大学商学与心理学双修的大一学生。短短一个暑假，她做出了人生的重大决定——退学，重新参加高考。经过精华学校全日制小班8个月的学习，她最终考入了满意的学校——中国农业大学，也读上了自己真正心仪的专业——媒体传播。

回顾自己这段备考的历程，从入学摸底考试的351分到最后高考的636分"战果"，她骄傲地对自己说，我没有放弃，并且，我做到了。

采访者： 孙乐琪

讲述人： 张祯祎

高考时间： 2015年

现就读高校： 中国农业大学

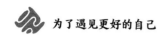

留学生退学再战高考

我曾经历了短暂的留学生涯。出国的时候只有16岁，去了英国的基尔大学。但是由于年纪尚小，远渡重洋的我感到诸多不习惯。虽然物质上、生活上都挺好的，但在自理能力上还是稍微差一点。再加上离家太远，那时的我感觉非常孤独。语言环境不同，文化背景不同，社交环境不同，这让我对家乡更加想念。此外，我对学习的商学和心理学两个专业不甚满意，特别是对商学根本提不起兴趣，成绩上也比心理学要差出一大截。久而久之，我产生了抵触的情绪。

2014年6月，结束了一个学年的学习，我回国过暑假。当时，退学重新选择的想法已经在我的头脑中萌生了。我在心里默默思考了一个多月，又把这个想法和妈妈商量了一个暑假，心里非常焦急。回英国继续学业，还是留在国内重新参加高考？为权衡利弊，我给这两条路分别列了一个优劣势的"清单"。继续国外的学习我就没法再换专业了，而如果重新选择的话，我还有再选自己心仪专业的机会。因此，虽然面临着再战高考和复读费用的压力，我还是毅然选择了直接退学备战高考。

这个决定其实挺仓促的，当时距离精华学校开学只剩下不到10天了。我果断报名参加了精华学校的补习培训，到了9月开学便向英国的大学递交了退学申请。虽然后来在备战高考的过程中，尤其是一模、二模等考试之前，背书背到昏天黑地，感觉马上就要招架不住，但我还是挺过来了。无论面对多大的困难，我从来都没有后悔过自己复读的决定，毕竟它给了我一个选择更适合自己人生道路的机会。

知识"断档"起步艰难

复读的选择做得痛快，复读的"路"却不是那么好走的。一年的国外学习本就让我比国内的学生起步晚，加上上大学之前我一直在国际部学习，因此有了五年的高考知识空缺和断档。怎么将知识衔接上，对我来说是一个很大的困难：从初三到高三，我没有学过普通高中的任何课程，没有接触过任何高考教材。语文、英语只重在阅读，数学则已经学到微积分了。高三之前，我修完了数学的所有课程，高三后就没再碰过数学，对高考要考的函数、曲线这些东西已经忘得一干二净。再接触高考数学时，只是模模糊糊有个曾经学过的印象，具体内容完全想不起来了。

因此，刚到精华学校的时候，我的入学考试成绩只有351分。入学考试，我的选择题全部"蒙"的C项，数学一共只拿到了26分。英语得到了100多分，不过，国内外英语学习的方式极不相同。国内重语法，国外重理解，就像我们考语文一样。因此，英语考试对我来说完全靠"语感"，语法都要从头来学。

虽然351分的入学成绩在现在看来算来十分可怜，但在当时却坚

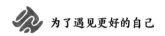

定了我的信念：我有着极大的进步空间。

心无旁骛，迎头赶上

一开始，在精华学校的学习十分艰难。我听不懂老师讲的价值规律，不了解春秋战国的区别，凭着仅有的初中知识勉强能跟上地理课，考试的时候却只有50多分。数学更可怜，由于高三我没有选修数学，导致当时的我连集合都不记得。我希望能在一年之后考到不错的分数，可是每次周测的分数都只能徘徊在及格的边缘。于是，我在最开始就有了退意。

幸运的是，班主任老师一直在给我鼓劲儿：什么都别想，好好学！各科老师也在不停鼓励我，仔细地分析了我的目标，并且制定了详细的学习计划。加上我的父母也一直都很信任我，就这样，我在月考的时候有了很大的进步。这次进步不仅让我稍微看到了希望，也使我享受这种拼搏的感觉，对学习少了几分厌恶。

回忆起那段备战高考的岁月，我至今还唏嘘不已。十几个人一个小班，不能带电脑，不能带手机，与外部世界完全隔绝，所有的精力都一门心思放在学习上，就这样一点点"缝合"破碎的知识框架，填充缺失的知识体系。现在回想起来，我发现，正是当时的心无旁骛让我在这短短的时间内，迎头赶上了那些正常备考的高考生。

在我的印象中，令我收获最大的要数精华学校自编的一套"精华教材"。这套教材是精华学校去粗取精的独到成果，相当于经过名师划重点，不考的内容全部剔除去，考试的内容全部摘进来，可以说是高中教材的精髓所在。我认为，这是一种最省时高效的复习途径。对于只有一年时间的复读生们，怎样才能在最短的时间内掌握正常高考学生三年内完成的知识储备？这是一条行之有效的捷径。

正是因为有了精华学校那么多富有经验的老师，将经验整理出来，将道理归纳出来，才让学生们"时间虽紧，内心不慌"，心里有了底气。题做一道是一道，纠错之后再回去找老师已经梳理好的知识点。一轮一轮复习，只要全心全意跟上老师的节奏就可以了，不用自己再去摸索、思考"我该怎么办"这样的问题。

直到现在，回忆起各科老师的风采，我依旧觉得历历在目。比如地理老师就特别会"套路"，他有自己的一套教程，会把每道题从哪几方面回答标注得非常详细，可能会给你"挖什么坑"也进行提示，跟着这个"套路"走基本就不会出错。地理老师有一句好玩的名言至今让我记忆犹新："题目里的每一个分号都是有意义的，仔细观察分号中间的那句话，你就能从中看到得分点。"这样有趣的教学方式，显然与许多人印象中的高考复习截然不同。

功夫不负有心人

在老师的帮助和自己的不懈努力下，期中考试之后，我的成绩十分理想，但之后就遇到了瓶颈期。无论怎么努力，分数总是不理想。看着自己不高不低的分数，想着志愿学校那似乎遥不可及的分数，我开始了长达几个月的迷茫和徘徊。

一模之前的几个星期对我来说十分痛苦，成绩上不去，心浮气躁，和家里人矛盾不断。可是，每当我想到我在这之前的努力，想到家人对我的支持，想到老师们对我的信任和鼓励，就有一种"我不愿意把第一的位置让给别人"的感觉。也许是天生的好胜心在支持着我，我就像是疯了一样做题、对答案、纠错，然后继续做题、对答案、纠错。在施加给自己的巨大压力下，一模考试之后我彻底病倒了，可是成绩也有了一个彻底的突破：577分。二模考试之前我也继续着之前的学习节奏，成绩又取得了一次质的突破：600分。

后来我想到那一段天昏地暗的日子，记忆里就只有做完一页题之后翻页的声音，从架子上抽出笔记的时候手臂的酸痛，做题到一半四处找草稿纸的无奈，下课之后坐在椅子上一脸的木然，可是心里却在为能学会一种新的思路而欢呼雀跃。在那段时间里，我也曾怀疑过、松懈过、犹豫过，甚至在一个周末什么都不想写只想抱着被子痛痛快快地哭一次。可是，在这些负面的情绪都过去之后，我又能重新笑起来，用一颗永远不放弃的心重复那些让人变得疲惫的奋斗。最终，我在高考中取得了636分的好成绩，考取了满意的学校——中国农业大学，心仪的专业——媒体传播。

"不管风吹雨打，我还是我"

说到复习的心得，我不得不谈谈我特别看重的保持阅读的习惯。在那么紧张的复习中，我还是一年内读了十几本书：《四世同堂》《蝴蝶梦》《浮士德》《平凡的世界》《花间辞》《麦田的守望者》……其中有的是"新知"，有的是"故友"，无一不是我喜爱的书籍。

我认为阅读对于考试的重要，不仅在于阅读速度的提升，更在于理解方式的转变和加深。语文科目中，内容的理解和语感是最重要的，读书正是让你以有内容的思想方式去考虑、回答问题。此外，在作文的写作过程中，你也会不自觉地借鉴你曾经阅读过的文学经典的笔法，从而得到很好的效果。

数学的提升方法无他，只能多做题。不过，要学会在做题、纠错的过程中归纳经验、培养习惯。一开始，我也是没有思路，做什么都生搬硬套公式，结果却并不理想。后来才学会了举一反三，做完之后一定要对自己错在哪儿"追究到底"，摸清出题套路。

英语科目上，因为我有海外留学经验，所以存在着阅读速度较快的优势。我认为，英语同语文一样，重在多阅读。完形填空也好，阅读理解也好，甚至作文也是一样，好文章读得多了，做题时自然而然就有了语感，对正确判断也就有了敏感度。

回顾这一年艰苦而闪亮的日子，有一首歌是我在烦乱时常常"单曲循环"的。直到现在想起这首歌，我还会为那段岁月潸然泪下。歌词是这样的："不管风吹雨打，我还是我。因为树立这信心，坚持着梦想，我不会害怕、迷茫去寻找。"

给学弟学妹的建议

即将面临同我一样选择的学弟、学妹们，有句话我想告诉你们：如今，你只经历了你人生的四分之一都不到，这个阶段的你，没有什么可畏惧的。没有一个决定会阻断你未来的美好生活，不要为前路迷茫。

我作为"过来人"当然理解复读的心理压力，在撑不下去的时候，不如就横下心来给自己放个假。隔一个月逛一次街，偶尔打打球，好好吃饭、好好睡觉，跟着老师的步伐，完成老师布置的任务，我相信你们中的绝大多数都会有满意的结果。

没有人喜欢枯燥的奋斗，可是枯燥奋斗之后的成功所带来的无限喜悦将会让人难以自拔。也许我只是享受成功的喜悦，可正是这样的信念让我坚持下来。我感谢当时无条件信任我的父母，也感激在我努力的时候默默支持我的老师们，更珍惜在那段时间不断发来微信鼓励我的朋友们。可是最最重要的，我无比庆幸当时的我能坚持下来，能够拼了命努力，能够在压力中还保持乐观和向上的心态。毕竟，一个良好的心态能够让努力变得更有效率，不是吗？

"马大哈"考生两次高考方进燕园

2013年高考，海淀考生赵云在第一门语文学科上出现重大疏漏：9道选择题忘记涂答题卡，直接失去27分；作文也有点写偏题，只得了30几分，比平时少了近20分，语文的失败让本来非常有希望的他与北京大学失之交臂。不愿以这种方式结束的他选择进入精华学校复读，第二年卷土重来。这次他不再犯错，在晚了一年后终于考入燕园。

采访者： 任洁

讲述人： 赵云

高考时间： 2013年、2014年

现就读高校： 北京大学哲学系

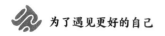

语文9道选择题忘涂答题卡

现在回想起2013年高考在语文考场上发生的"乌龙"事件，我都会觉得有点诡异。我的初中是人大附中，中考时差了几分，进入一所在海淀区排名靠前的高中读书，成绩一直稳定在全班前四名。我们班当年几乎有1/3的同学考上985高校，基本全过了一本线。前四名中有两人考上北大，一人出国。如果正常发挥，我上北大不会很费劲。可是，我居然在最重要的考试中掉了链子。

这是什么样的错误呢？语文试卷有一篇文言文，里面有9道选择题需要涂答题卡，这些题正好和一道跨页的简述题相连。我当时看到简述题就忙着去答，做得还挺顺手，结果翻页后忘记了前面还有选择题，后来也没想起来。等我写完作文，基本就到了结束时间，没时间再检查，就这样交了卷。其实离考完还差20分钟时，监控员提醒过大家及时涂答题卡。但是我写得太专注居然没听见，错过了弥补的最后机会。

出了考场，我突然脑子一动，觉得有哪里不对劲，很快就想起了那些选择题。开始还幻想是自己多虑，班主任听说后也这样安慰我，可是打开笔袋，答题尺干干净净，一看就没有用过的痕迹。完了，确实没涂，整整27分呀。我懵了，完全不知道该说什么好，难受了一个中午，这接下来要多考出多少分才能补上啊。

我的性格开朗、大而化之，参加大考不会很紧张。虽然遭遇这样的意外，但心大的我很快就调整了状态，冷静地考完剩余科目。

分数出来，总分609分，其余几门的分只比平时略低了一点，发挥还算正常，唯有一般在125分左右的语文只考出86分。除了忘涂的选择题外，作文也出现疏漏，平时能得48分的我这次只得了30来分，一查分才发现，居然写偏题了，真是屋漏偏逢连夜雨。

多年苦读一朝放弃实在太冤枉

父母对我从小实行"放养"，管得不严，不太在意具体成绩，而是看重过程，要求我做人态度要积极。自己不算主流意义上的好学生：喜欢看武侠小说，上课因为看小说书被没收过；高二高三在优势学科课上睡觉，理由是老师说的早就会了，不想再听一遍；爱熬夜，有时候学习，有时候却在看足球，虽然成绩不错，无论对自己，还是对家长、老师来说都有交代，但不注意细节和粗心的毛病还是在重大考试中暴露出来。

北大考不上，我缓了半个月，琢磨着是读第二志愿还是重来一年。复读，实在是一个艰难的抉择。起初我对再上一次高三心怀忐忑，毕竟这份罪刚受完，实在不想重复。但想想自己这么多年的苦读，如果仅仅因为一次马虎就要高分落榜，不能成为理想中的人，实在是太冤枉，太不甘心了，我想为自己的选择负责。

日思夜想，和家人、朋友商量，经过近半个月激烈的思想斗争，全面考虑了复读可能面临的困难，对自我、人生与未来的影

响、院校专业的选择等，权衡再三后，我决定再拼一回，复读！

爸爸听过精华学校的宣讲会，觉得这里招牌硬、师资强、学生质量高，历年都有考上北大清华的。2013年8月17日，我进入精华学校全日制文科精粹班就读。

学会按"套路"答题如虎添翼

真正进入复读的状态我才发现，复读既不可怕也不神秘，它只是生活的一部分，生活并不因此改变很多。喜悦、悲伤、辛苦、轻松与苦闷，一切都取决于你自己的心态与追求。

复读不同于高中，除了重复性的记忆与理解之外，更多的是知识体系与学习能力上的升华。这要归功于高中三年的积淀，但更重要的是专业而敬业的老师们的教诲。

我在复读班里要解决的主要是知识细节问题。语文、数学、英语科目一般是讲各种题，讲老师归纳的知识脉络；文综三科则结合教科书较多。同时，老师教给大家很多答题套路，尤其是地理和语文学科，教授的内容正对我的路子。很幸运遇到这些老师，使我在知识与方法上没有遗憾，使我能够实现最初的梦想，成就自我。

让我记忆最深刻的，是地理老师传授了答题要考虑的方面，如何在拥有足够的知识储备的基础上根据题干答出采分点，细致到一道8分的题要答出至少4条知识点，能写出5条比较稳妥等。语文看似不好复习，其实也有"套路"，凭直观感受作答和按套路答题是完全不同的。老师教大家讲究细节，传授阅读题的应试技术。

本来就有一定实力，又学会答题技巧，更是如虎添翼。我的分数原来卡在北大录取线的边上，进班时属于中下游。在复读班读了半年就上升到北大线上，进步到班级前列，并且保持稳定。

我的学习状态有过轻微起伏，刚开始会非常努力，绷紧了逐渐有所放松，一度会有懈怠，特别是在前不着村后不着店的第一年末尾与第二年初。你一遍一遍重复，却没有明显的提升；感觉满身的漏洞，却又无处下手；决战时刻还早，理想的光明又渐渐在身后消逝，迷茫有时候可以令人绝望。此时能够拯救自己的，唯有坚持，不计成败得失的坚持，通过及时调整，重新回到紧张活泼的轨道上。我认为一根线绷得太紧容易断，还是要注意劳逸结合。

想上北大，保险是考到660分以上。要达到这个目标，每科都要考出足够的分数。我经常算分，这门应该多少，那门应该多少，哪些题可以错，哪些题要稳保，考生的心里一定要有数。

复读这一年绝对物超所值

文科精粹班为寄宿制，我不排斥住校，但作为一个"夜猫子"，对到点熄灯还是不太适应。综合考虑了生活和学习节奏等因素，我和班上认识的一个同学在校外租了房，每天往返于学校和临时住处之间。

有时两人半夜学饿了，会骑车出去觅食，边骑边聊天，天南海北尽情侃大山，能从位于西三环的花园桥校区骑到北四环，再绕中关村南大街回来。我和班里其他男生关系处得也不错，一起打羽毛球、篮球，在紧张的学习生活中尽量自我调节。这个同学后来考上了人民大学金融系，上大学后我们依然保持联系，前阵子刚相约吃了饭。

同学们来自不同学校，每个人都有擅长之处，目标均瞄准顶尖高校，但彼此会分享复习心得，交流答题技巧，形成良性的竞争关系，实现共同提高。复读班每天安排都是满满的，会比高中时候累，但我心里很充实，未来的日子很清晰。

2014年，我先参加了北大自主招生考试，顺利上线，心里有了底。6月重上战场，这次我胆大心细，谨慎地对待每一道题，一甩去年的颓势。发榜那天，成绩不出意外，总分（不含加分）达到667分，其中语文科目考出135分，比2013年足足提高了49分，燕园向我敞开了大门。

如今，我已是北大哲学系大三学生。回首过去，正是那个阶段的思考，让自己学会坚持下去，有所追求，能够及时地调整自己，不至于在逆境中一泻千里。人有时候就是如此，正所谓"慎重者，始若怯，终必勇；轻发者，始若勇，终必怯。"

有人问我复读这一年值不值得，毫无疑问，物超所值。理想终于实现，或许人生因此得以改变，没有辜负一年的青春时光，仅此一点便值得所有的付出，更何况还有精美的赠品：回想起来，即使第一年我记得涂机读卡，考上理想的大学，也未必是一件好事。高中三年，我并没有真正清醒而坚定地为理想付出卓绝的努力，考上也属侥幸，毫无意义，甚至会助长我的散漫与浮躁。

这一年给了我真正磨砺、考验、成就自己的机会，成熟、清醒与坚定是复读赐予的最珍贵礼物。同时，这一年有许多同学与我一起"沦落天涯"，甘苦与共，使我收获了珍贵的友谊。

"能被失败阻止的追求，是一种软弱的追求，它暴露了力量的有限。能被成功阻止的追求，是一种浅薄的追求，它证明了目标的有限。"坚持，归根结底还在于目标的远大与思考的深沉，人生中有这一年，是我真正的幸运。这些经历和感想都是人生的宝贵财富，助我闯过日后的每道难关。

🎗 给学弟学妹的建议

1.关于专业：回避热门专业，因为热度是易变的，也许毕业时就不是报考时的模样，而且全国高校都开设的所谓"热门"专业，有多少含金量呢。有志于学术的，只要家里有条件，可以选自己有能力做好并且感兴趣的专业方向，学什么都行，跟着感觉走。不能人云亦云，但若只凭兴趣报考，不考虑个人条件，自己也可能很受罪。比如脑子不够快，只因为喜欢就去读数学、物理专业，那会很痛苦。每天学上十几个小时，依然只能考到六七十分的在大学里很常见，有人甚至刚上完大一就要退学。所以，兴趣只能是选专业的一个方面。多去了解内部人士的意见，比如想学外语，就找北外、北大外语学院的学长询问；记得找成绩位居中等的，不要找学霸打探，那样没有参考价值（学霸的世界你永远不懂）。如果是同一层次的高校，就选办得不错的专业。

2.关于大学：能考上公认的顶尖大学最好；有一些高校的名气不够大，实际品质很好，比如南京大学，是和复旦一类的。作为文科生，选高校比较受局限，不妨多看看心仪专业所在高校的牌子，比如法学、金融、财政、新闻专业，人大办得很好；文史哲专业、外语系，北大当仁不让；想学汽车相关专业，可以选吉林大学。一些985高校，比某些专业办得好的211高校强。因为在大学里专业知识只是一方面，更重要的是看学术环境、教师专业能力、学校精神面貌等因素，整体水平高的学校对学生的成长更加有帮助。

3.关于高考复习：对自己要有清楚的认识，不要太高看自己，就当没有学过，再来一遍把知识点彻底掌握，弥补高一高二被浪费或忽视的时间，最怕的就是学过但学得不是特别扎实的学生。复习一定要细致，谨慎面对。此外，复习间隙要多晒太阳，经常运动，这样整个人的状态会很积极，否则学久了精神易

218

萎靡。

4.关于考试：考完每科后千万不要对答案，一旦发现做错会崩溃，要记住四科加在一起才是总分，一科没考好还有其他科能弥补。考试前最后几天可以看看书、代表题，别太仔细了，不要钻进某个知识点出不来，保持对整体的把握，专注于题目本身。考试前别吃太撑了，吃饱了上考场容易犯困，当然吃好是需要的。保证身体状态适合应试，保持积极心态，不要患得患失。能做多少是多少，控制好精神和身体对考试有很大的帮助，期望值要和自己的付出相一致。